3 | 1
3 | 2

❶ 從小，酒於我，就是輕鬆歡愉的代名詞，我對它心嚮往之。

❷ 夫妻就是此生共修的好夥伴，要培養共同興趣、尊重彼此差異，一起追求靈性成長，並且能坦承以對，開誠布公，有建設性的溝通，當彼此最好的朋友。

❸「高高的樹上掛西裝」，張郎正與鄰居小朋友展開拯救西裝的救援行動。

3 | 1 / 2

❶ 退休後的第一年，我不知死活的當上賣糖蒜的老闆娘，兩人用手剝了上百斤的大蒜，完全沒有計入人工成本，糖蒜賣一罐、賠一罐，真是永生難忘的有趣經驗啊！

❷ 孩子、孫子要回家來了，我得多做一點菜！

❸ 冰箱應該是家中最涼快的地方，不過咱們張家的冰箱堪稱火藥庫啊！引爆的威力無窮！

❹ 家中一定要有花，過年時，準備家中的蘭花、切花更是一件大事。

❺ 我用一桌桌的好菜，表達對家人的愛。

❻ 我們家的儀式感之一，小年夜前一天，必需將耗時費工、包括十樣素菜的「十全十美」（又稱如意菜、十香菜）先做好。

❼ 夕陽無限好，只是近黃昏。我們珍惜退休後終於可以活出自我的每一天。

4
6
5
7

1
3 | 2

❶ 一人獨酌有獨自陶然的樂趣，兩人一起喝酒，更重在酒後的掏心之言。
❷ 有他受不了，沒他活不了。
❸ 出外旅行，我們的穿搭也不馬虎，打扮得體，穿著整齊，晚上一起享受一頓精緻晚餐，是我們行之已久的生活儀式感之一。

2 | 1

❶ 我倆在希臘美麗島嶼的白色穿搭。旅行出發前，整理行李時，我一直在想到底要穿什麼顏色來配合小島的藍與白，最後發現簡單的白色大勝出。

❷ 我出國旅行，我絕不會因為路程遙遠、行李限重等原因而簡單胡亂穿著。既然來到此生可能是唯一一次到訪的優美景點，如果穿的像買菜或登山，我認為真是糟蹋了大好美景。

1
3 | 2

❶ 住在小鎮好幸福，開車十幾分鐘，即可在無人的海灘戲水、拍老嫗泳裝照。
❷ 我的中式格格服在蘇州四季酒店。
❸ 我倆簡單的穿搭，與背後山景還真搭。

2 | 1
3

❶ 我們應邀在讀書會演講，現場粉絲為我們拍下這張生動的照片。
❷ 我曾是職場女魔頭。
❸ 此情此景已成追憶。張郎與愛犬栗子一起在草地上開心奔跑。

1
3 | 2

❶ 退休後的張郎真正活出自我，上課學了許多與他內向拘謹個性相違的技能，踢踏舞一學四年多，還去「台北藝術大學」學習戲劇表演，因緣際會受邀在電影《幻術》中扮演邱義仁的角色。

❷ 我最愛的父親，一生戎馬，是保家衛國的戰鬥機飛行員。

❸ 我最感謝的公公婆婆，參加小兒子的大學畢業典禮。

日子過得美，生活就會好

薇姐張郎的50+豐盛日記

張薇薇 著

目次 contents

推薦序

不管天氣如何都自備陽光的生活處方

楊馥如／旅義作家

你有多快樂？

被問及名字、工作、住址，我們總有現成而且精準的答案；但被問起自己有多快樂，可能不知道、無法立刻說出、甚至得違心編造。

薇薇姐從四十年的工作崗位退下，回歸家庭：職場上有效運用時間，事事講求績效答案；退休後，半輩子建立的秩序瞬間瓦解，早晨五點半準時醒來，心慌感排山倒海，迫切想把眼前開展的一天填滿。

當賴以為常的座標消失，生活該如何繼續？

薇薇姐剛退休時面對的「停頓恐慌症」，我是懂的：雖然還不到退休之齡，但二〇二〇年的疫情讓身在義大利的我突然停頓下來。我的工作行程向來高速快轉，多工而且四處奔波。這是我愛的模式，當身體很累精神也很累，我會感到充實無比，而且不枉一天。想來荒唐，十多年前決心定居義大利，因為愛上這個連無所事事都充滿甜蜜的國度，也好奇靴子國民如何把每天過得有滋有味，連碰上大災難都能拿自己的遭遇開玩笑。

「一個人坐船，出發後碰到暴風雨，狂風從四面八方吹來，讓他不斷兜圈子。」我向義大利的好朋友抱怨疫情下無事可做、心慌意亂不知怎麼辦，他沒給我答案，卻說了這個故事。「這個人繞了一大圈，最後回到原點。妳會說這人做了一次很長的旅行嗎？」朋友看我聽得出神，不等回答，雲淡風輕說了結尾：「這人只是不停在原地打轉。」

退休生活前幾個月，薇薇姐說自己吃盡苦頭，歷經轉折才心領神會，發現許多隨手拾來的美：退休之美、老伴之美、生活之美、小鎮之美，她把這些微小又巨大的領悟全寫進書中，生動的描述讓生活畫面躍然紙上：有她和張大哥兩人戴著老花眼鏡一起低頭彎腰剝糖蒜的和樂甜蜜（噢，別誤會，這兩人也常劍拔弩張）、兒子閃婚的震撼教育、豐盛澎湃的「九宮格」餐桌、淡水小鎮的人情美物……。

原來人生途中的停頓可以譜成休止符，停頓不是空白，而是靜止後樂章再起。特別喜歡她在書中記錄的點滴，那是一呼一吸之間的體悟，順流之後懂得的真樂。「被夏日酷熱摧殘，渴望秋月之涼爽，完全無懼，百日生命就此消逝。」我的義大利好朋友信天主教，但他告訴我的，釋迦牟尼佛也提醒過。

中文裡「日常」一詞，讓我害怕：「常」字讓人鬆懈、感到理所當然，但人生的每一天並不全然這樣。「carpe diem」這句拉丁銘言，大家也許聽過，電影《春風化雨》中，羅賓．威廉斯（Robin Williams）飾演文學老師，總是用充滿鬥志和希望的聲音告訴年輕人們「抓住每一天」，正源於此。carpe 是動詞「抓住」，diem 裡頭，字根 di 則是「一天」，這句的中文常被翻成「及時行樂」，似乎預設日子總是好，只有樂才值得抓住。

其實詩人在「carpe diem」後面還有一句「明日不可盡信」。《日子過得美，生活就會好》，薇薇姐這本書，是不管天氣如何都自備陽光的生活處方：不管晴雨，每一天都抓住，在其中過活，只要是當下，都有美好動人的滋味。

推薦序

活著一天，就要精采一天！

陶傳正／陶冶文化藝術基金會董事長

認識薇薇時間並不長，而且還是在臉書上認識的。

但是看了她的臉書以後，馬上就被她幽默又有趣的文筆吸引住了。一對退休的夫婦，從每日的生活小細節中，找出樂趣，經常是以鬥嘴開始，沉默結束，沒有重點，沒有問題，過幾天再換個題目繼續鬥！這大概就是享受退休生活的一種方式吧？

我第一次被她吸引到，是看她開始製作糖蒜，天啊！這位小姐還真不怕麻煩啊！因為我們從小都是吃糖蒜長大的，雖然沒有自己做過，但是知道製作的繁複，所以一般都是去雜貨舖買一罐回來吃，吃完了，再買，從來沒有想過要自己醃製，那有多麻煩啊？可是這個小妮子硬是自己做了兩百多罐，還到處運送，真是不嫌麻煩的一個人！最後十個指甲都剝斷了，吃到了苦頭，就沒聽說，她還要再做了……。

為什麼會這個樣子呢？顯然是退休後的症候群在作祟！就是不能閒著！

後來又看到她開始Po做菜的相片，而且是用九宮格的方式！這有多麻煩！家裡只有兩個人一隻狗，居然沒事要做九個菜，就是為了要張郎能照一張可以擺成九宮格的相片！這又是何苦呢！

當然我們也看到了薇薇是個能夠做菜的人，不管是色彩、切工，還有擺盤都是花了功夫的。雖然沒有品嚐到，但是憑想像也可以知道應該是很好吃。

由此推想，他們家的冰箱應該是不夠……所以就發生了薇薇的老菜脯被張郎丟掉的慘劇。結果張郎翻遍了社區的垃圾箱，也沒找到那一塊無價的老菜脯……故事的結局，張郎的高級西裝就被丟到窗外的樹上了！而且是從十三樓丟下去的……。

張郎退休比較早，很會安排自己的生活，學表演，學踢踏舞，照相，把自己的時間安排得滿滿的。薇薇退休比較晚，以前工作的時候早出晚歸，過著忙碌的日子，沒有想過退休以後要怎麼過日子，所以退休以後有點惶恐，但是總不能閒著在家裡呀？那不是薇薇！

所以開始忙碌的退休生活，買菜，做菜，第一個要滿足張郎的胃。這可不是件容易的事。所以他們家的冰箱永遠是滿滿的，隨時都可以做出九宮格的菜，但是兩個人到底怎麼能夠把它吃完？後來發現他們會幫兩個兒子準備便當，還有幫他們家的愛犬栗子準備食物。

薇薇的旗袍和張郎的短褲長襪也是一絕。而且他們二人都長年堅持這樣的穿著。可能這就是他們的品味吧？

隔一陣子，他們二位就常常會有驚人之舉讓我們也樂一樂。張郎演戲啦！薇薇拍廣告啦！兩人還成立粉絲網頁，沒事還來個直播！

這次的新花樣是「薇薇出書啦！」一口氣看完書稿，還真的是精采！原來退休生活也可以這樣過！誰說退休就是躺在家裡面睡覺吃飯，可以玩的花樣可多著呢。以前被工作綁著，無法施展的才華，現在愛幹什麼就幹什麼！愛怎麼幹就怎麼幹！

活著一天，就要精采一天！

推薦序

把平淡日子過成美好滋味，薇薇味就像高粱味

張正元

一位跟自己共同生活三十五年的伴侶，應該是早已熟悉到就像空氣般的存在於無形。但直到現在，薇薇給我的感覺，還是始終有如我第一次喝高粱時，那種嗆辣、麻利、順溜，讓人一喝難忘，不喝想望、再喝愛上的深刻體驗。

在工作近四十年後，薇薇終於離開職場重返家庭，初始，她無法適應這種終於得閒的自由生活，以前一呼百諾，現在身邊只剩下我一人在身邊供她使喚，既無法呼風，更難以喚雨，但她多出了許多時間，重拾以往書

寫、繪畫、烹飪等的興趣，也可以認真經營自己喜愛的社群網頁。她暢情書寫，我則使出渾身解數用相機為她記錄生活與美食，兩人的興趣正好異業結盟，夫妻一起做喜歡的事，愈做愈有勁兒。

就在此時，「有方文化」負責人余宜芳在觀察薇薇臉書多時後，正式邀請薇薇出書（現由時報文化出版），分享退休後，如何化平淡日子為美好生活，與夫妻間的相處之道，如何能打不離、罵不散，將「爭吵藝術」的「行於所當行，止於不可不止」拿捏得恰如其分。她的出書邀請正好讓薇薇系統化地整理她一路走來「每一天都要過得精采」的人生座右銘。

薇薇前半段的職場人生，若說是武場練兵，那後半段的退休生活，就是文場練功，能夠放下高位，回歸家園，重拾對文字、烹飪、園藝，寵物的熱情，需要的就是一份對生活的執著與熱愛。在經營臉書和粉絲頁的經驗中，我發現薇薇親手研製的美食最受到臉友們喜愛，但得到最多回響的，反而是「夫妻相處」，其中最受歡迎的就是「夫妻打嘴鼓」。也許大家總覺得「閨房勃谿」乃家醜，千萬不可外揚，哪裡還有公開的道理，但或許是種補償與偷窺的心理，大家看到我們日常生活的火花與齟齬後，覺得原來自己並不孤單，因此也就對自家「茶壺裡的風暴」釋懷好過許多！

該如何形容薇薇的個性呢？我這麼說吧！如果時光可以倒流，回到中國對日抗戰時代，這位祖籍山東高密的小女子，肯定是抗日游擊隊的隊長，為什麼？因為眷村長大的她有著強烈的愛國心，路見不平，常仗義直言，她組織能力強，能號召群眾、鼓舞士氣，更能帶兵帶心，英勇對抗外侮。這種女中豪傑，最後下場不問可知，說不定她的故事還會被改編成類似《紅高粱》的熱門影視劇呢！可惜，她生不逢時，沒趕上那個偉大的時代，卻成了跨國企業的高階主管。她天生的領袖氣質，管理員工恩威並施，有她獨到的一套，而且對上不逢迎拍馬、趨炎附勢。她對部屬於公，教導不藏私、充分授權，於私，像媽媽對孩子般噓寒問暖，誰上班要是不吃早餐，被她發現可不得了。她處理公事勇於擔當，面對危機反應迅速，

當機立斷。如此乾脆俐落的個性，在企業中反應自是兩極，但她處事圓融，心思縝密，總能讓紛擾在和平中落幕。我在旁看她危機處理，常為她擔心地冒出一身冷汗，她卻從一而終，磊落做人，光明處事。薇薇退休後，以前的部屬常定期與她餐敘，深厚的情誼，是她最值得驕傲的回報。

現代人的平均壽命逐漸增長，換句話說，退休後，跟伴侶一起相處生活的時間更多了，薇薇這本書，寫的就是我們這對平凡夫妻一路走來，平淡但不無趣、有趣卻不需花大錢，也能過上有滋有味小日子的分享。希望大家能和我一樣喜歡這本書！

第一部

退休之美

1 從躁動到安然，讓時間做工吧

退休後的生活方式，前兩個月的我著實吃足了苦頭。每天依舊受到過去上班時的作息約制，清晨五點三十分準時睜開雙眼，不用起床急梳洗，不需著裝趕出門，一整天空白的二十四小時鋪陳在眼前，要如何打發？該怎麼消磨？

終於有一天，再也不用早起梳洗趕出門，再也沒有辦公桌可坐，再也沒會會相連到天邊的議程，也再沒有繁瑣公事讓我從早到晚腦疼傷神。取而代之的是從未有過的大把空白時間。搞不清是因為原生家庭的教養，還是多年在職場中工作的磨練，身為「完美主義強迫症」患者與「懶散是一種恥辱」信徒的我，在退休後的第一個月，很努力地將一天的時間填好填滿：

星期一：整理後陽台儲藏架、打掃陽台＋四菜一湯

星期二：衣櫃大整理斷捨離、修剪花木＋包冷凍水餃一百顆

星期三：整理多年來親手釀的水果酒，分門別類裝瓶貼標儲存（這中間還包括開車去市區採購各式酒瓶、清洗、消毒、裝瓶……）

星期四：換沙發套、洗窗簾……

星期五：整理書櫃的書籍、書桌抽屜、收納櫃

如此認真按表操課近一個月，老張家被我從裡到外、由上而下，整理到纖塵不染，條理分明。廚房櫥櫃好似辦公室文管中心，塑膠袋按大小收納、醃漬瓶罐貼好分類日期標籤按尺寸入櫃、乾貨排排站立盒中，一目了然，拿取方便。衣櫃裡襯衫一律領口向左按照顏色排列，毛衣收納依厚薄不同但摺疊尺寸一致；所有鏡子、玻璃、窗戶光亮剔透、連浴室磁磚縫隙皆白皙可人。

對人嚴格，對自己更嚴格

話說我這「懶散是一種恥辱」的症頭，可以由好幾個面向看得非常清楚。在工作上，對同事要求極為嚴格，對於拖延、重複性錯誤的容忍度極低，再加上個性急、說話快、動作也快，常給我共事的夥伴極大的壓力而不自知。曾有一次，我的日本籍老闆跟我半開玩笑地說，有時妳休假，我都覺得特別輕鬆！天啊！連我的老闆都感受到我給他的壓力，那與我平行的同事或是部屬，與我一起工作的壓力可想而知了。

這種性格回到家庭，受到最大壓力的應該就是張郎。早我幾年退休的他，常被我在下班後逼問：「今天做了什麼事？」如果回答：「沒什麼事，就是遛狗、休息……。」我就會覺得他度過了無聊而懶散的一天，為什麼不刷個陽台、洗個窗簾？為什麼不做點有意義的事？常因如此，引起兩人無謂的勃谿。

對別人嚴格，對自己當然更是鎮日驅策不停。在辦公室忙了一整天，回家做完吃罷簡單的晚餐，我一定在認真擦洗廚房後，拿起手扭拖把，將吸地機早已吸乾淨的地板，從頭到尾一個房間一個房間拖過一次，每個房間必定扭洗一次拖把，再噴上酒精，用力擦一遍。就算張郎在我下班前好心分擔，動手拖過一次地板，我還是認為不乾淨，一定親力親為才能安心。

到了週末，更是上緊發條，從一早上菜市場買菜，回家打掃整理，可以整個下午都待在廚房洗洗切切，做出一大桌菜來，美其名是藉由手做不停，以解壓療癒職場壓力。其實，周末我大可以翹起二郎腿，坐在沙發上看書看電視啊！但這些被我視為懶散的行徑，若硬逼自己「享受」，一定渾身難受，充滿不安。

可以想像，這樣的我剛退休之時，在心裡判定自己成了無用之人、成了吃閒飯的社會殘渣……鎮日看錶，想著如果現在還在上班，該去開會了吧？白日惶惶不安，夜裡噩夢連床，自我價值低落到了谷底。之前明明想望了許久的退休自由生活，到頭來成了被鐵籠關了一輩子的動物，監牢放出來的囚犯，忘了該如何走跳，反而一心想再回到監獄，因為那兒才是我舒適熟悉了一輩子的桎梏啊！

口舌爭端，傷心又傷神

當時天天按表操課整理家務，其實是再也無事可忙，頓失寄託後空虛感的填補，以及對自我價值感低落的發洩。無奈家事再多，總有做完的時候。後來又開發出另一種抒發管道：呼朋引伴，喝咖啡吃蛋糕、飲酒作樂。無奈喝咖啡必定要聊是非，果真是非接踵而至，一些莫名奇妙的口舌爭端，讓我傷心又傷神，其實後來檢討起來，都是我的不好。在職場當慣了主管，講起話來原本嗓門兒就大，還直條條不拐彎抹角，給了人驕傲、主控性強以及勢利（這點我還真無法苟同）的觀感。其實身邊的人就是一面鏡子，任何關係都是一種投射，愈是自己無法接受、想要壓抑隱藏的黑暗面，愈是會透過其他人的言行舉止，不停地出現在你眼前。對方讓你覺得不順眼、甚至討厭、受不了的特質，其實你自己身上都有。領悟這一點，終於忍痛斷捨離，不再急於結識新朋友填補生活空檔，只願留下彼此不嫌棄的「友直、友諒、友多聞」益友們繼續砥礪人生。

二十世紀偉大的靈性導師克里希那穆提（J. Krishnamurti）曾說：「自由是獨立，不依附，不恐懼。」我檢討自己，這段剛退休後的不安與惶然，急於用各種東西（包括各種活動與結識新朋友）填充自己，並不能通向自我救贖的路，反而只是欺騙自己的虛幻。「我們空虛、無聊、悲哀，在心理上我們都是乞丐，不斷追求別人或別的事物來彌補自身不足，來給我們希望，來支持我們，這就是我們把一件極普通的事都弄得十分醜陋的原因。我們所製造出來且使我們如此著迷的種種東西，卻正好引起了毀滅。」原來當自己心境失衡，一味尋求外援，不反求諸己，竟然會引來毀滅?!剛退休時心情晴雨不定，當時如果缺乏警覺，之後也許就走向身心失衡之路啊。

覺察果然是改變的開始，當有了這層領悟，終於不再躁動不安、不再汲汲又急急地安排填空補白，開始與自己和解、與時間和解了。

高低起伏皆是恆常

新鮮體驗之一就是經常一人獨自在家。張郎依照他以往的生活節奏，出門上課、練習、排演（或者是因為我在家了，他必須找機會避出去獨處？哈哈！）結婚三十幾年以來，幾乎沒什麼機會一人獨處，孩子小的時候，忙大忙小，洗衣做飯接送上學兼上班。孩子出國念書以後，工作更加忙碌經常出差，假日填滿採購打掃做飯……時間永遠不夠用。現在突然可以一個人待在窗明几淨的家裡，穿著寬鬆舒適的家居服、襪子與暖鞋，蜷在沙發上蓋著毯子看書；坐在自己的小書桌前自得其樂，書寫畫畫；或是在無人的家裡聽著喜歡的音樂，整理以前根本沒機會打開的櫃子與抽屜。安靜的家中，只有不會講話卻與我心靈相契的狗兒子栗子陪伴，牠咖啡色深情的眸子，常隨著我的腳步移轉，片刻不捨離開。

當然，要能夠全身心放鬆、放慢，享受無所事事悠閒之樂，學習凡事「無所求而為」的自在，需要時間繼續在我身上做工，幫助我在每一時每一刻的平淡日子中，用心挖掘生活妙趣。

家中有棵金橘樹，從買回來瘦弱的枝幹不到三十公分高，十幾年來常為它翻土、施以自製廚餘有機肥料，年年換大點兒的盆，現在早已長成比我還高的強壯大樹，在朝西的陽台一隅為我們遮陽擋雨。我有時看上它伸展有致的樹枝，趁著陽光普照的下午，在它枝幹上掛上幾件待曬乾的衣服，迎風招展。

可愛的金橘樹於我們已如親愛的家人，年年夏天滿樹馥郁馨香，清麗可人的小白花，只要開著窗門，整個餐廳、客廳都是撲鼻迷人的橘花香，花謝後，一簇簇綠色的小橘子接著登場，待深秋已盡，北風昂揚，結實纍纍金黃色的小橘子，早已墜得樹枝沉重搭拉。此時我們歡喜珍惜的剪下上百顆金橙盈黃的果實，分送親友，剩下的用鹽醃漬成「鹹金橘」，這可是受了風寒，感覺快要感冒及咳嗽時的養身寶物。

二〇二〇庚子這個不祥之年，除了疫病蔓延，世界一片紛亂，連家中年年結實纍纍的金橘樹，也受到了莫名的波及。雖說果樹結實有「大小年」之說，就是大年豐收，小年減產，但今年我們的金橘樹也實在太慘了，一年內服用了為數可觀的有機肥與剩豆漿，花是開了不少，但結實稀少不說，有的直接在樹上萎凋，有的剛長大轉黃就掉落，寒冬未至，樹上已只剩寥寥可數稀落的果實，旺年結實數百顆的盛況，今年已成只能看照片追憶興嘆的昨日黃花。

趁著秋陽普照，灑掃整理陽台花木，將金橘樹的枝葉稍事修剪，為它覆上沃土與有機肥。心疼果樹之餘，忽有一悟，其實人生不就如金橘樹嗎？有豐收就有低落，有苦便有甜，高低起伏皆是恆常，沒有什麼是永恆不變的。得意時淡然，失意時坦然，工作時全力以赴，退休後享受平淡，順天應時，有時自找苦吃，有時自得其樂，時時皆好時，日日皆好日。

2 快意人生一二三

終於得到渴望了一輩子的自由，終於可以再也不用看人臉色，為所欲為做自己喜歡的事，有句話說：「如果你開始為你的未來重新感到好奇，那麼你就是得到「重生」的機會了！」

人生一甲子，前面二十幾年懵懵懂懂成長、迷迷糊糊求學，接著就業、結婚、生子，為人妻、人母，在職場做員工、當主管，一個蠟燭兩頭燒的角色，一演近四十年。工作除了忙碌以外，還有不足為外人道的辦公室政治、權力傾軋與數不清的會議與出差。這身強體健，據稱人生巔峰三十幾年的青壯歲月，就這麼無怨無悔地奉獻給了家庭與五斗米。終於退休了，且讓我細數不亦快哉的快意人生新體驗。

之一

以往下班回到家已晚上七、八點，壓力造成的心力交瘁，幾乎很少有胃口能吃下匆匆下廚準備的簡單晚餐，如果硬逼自己進食，一會兒不是胃部脹氣就是酸水上湧。待收拾好廚房，早已筋疲力盡只想上床休息。退休後，晚上七點不到，二老已吃完下午不急不徐做好的晚餐，擦完桌子、洗完碗，輕輕鬆鬆坐在沙發上看書、看電視，腸胃的痼疾，不知何時已不藥而癒。相較猶在職場時的睡眠品質低落，淺眠多夢易醒，退休後一夜好眠是我獲得最美好的禮物之一。

之二

上班時，每天往返於公司與家之間的通勤路，幾乎沒有任何時間逛街與四處走走。退休後，常在離峰時間搭著空位好多的捷運慢慢晃蕩，空曠人少的捷運站走起來舒服好似逛藝廊。我常常一人在迪化街發人思古之幽情的騎樓下，慢慢地一家乾貨店逛過一家，再挑一家安靜可人的咖啡廳坐坐，與約好的旗袍老師傅不急不徐在布市挑料子、討論式樣，結束後一人晃悠吃碗「永樂米苔目」、喝一碗「雙連圓仔湯」，趁下班尖峰時間來臨前，好整以暇、心滿意足施施然踏上歸途。

之三

長時間待在辦公室裡缺乏規律運動與日照，體檢時早有骨質疏鬆的傾向，現在終於可以天天帶著愛犬，在陽光下運動健走。從一開始走十分鐘就腰痠腿疼，三個月下來，已可以上坡、下坡快步健走一小時毫不腿軟。退休後的第一個夏天，運動時刻意穿著無袖上衣與短褲，一身白肉終於吸收了飽足的日照，烤成微焦香酥的嫩烤香雞色。

之四

以前還在上班時，如果週末與張郎鬧彆扭，都會覺得好虧啊！因為好不容易休息兩天，竟然在家吵架嘔氣，真是白白糟蹋了得來不易的假期。退休後，天天都是放假日，我有一大把的時間，可以陪著他好好的鬥。與天不鬥，與地也不鬥，只與張郎鬥，其樂也無窮！事實上，上班時兩人每天相處時間十分短暫，偶生齟齬，常因無法面對面溝通，小小誤會愈演愈烈，現在每天焦不離孟，生氣就當場講清楚、說明白，什麼碴兒皆可速速雲消冰釋。

之五

上班時，看到好的乾貨食材，只知道拚命往家裡搬，櫥櫃裡堆得滿坑滿谷，還蔓延到廚房他處，到最後，到底櫃子裡有些什麼，根本搞不清楚。退休後厲行每天都要斷捨離一些身外之物，趁陽光普照，將廚房儲藏櫃裡的存貨全拿出來，櫃子裡裡外外擦個乾淨，鋪上新的紙墊，看看堆了一地的乾貨，有的是四處出差時買回、早已過期的調理包、湯包、乾海味，有的是不知何年何月的醃菜、麵條、調味料……認真檢視、分類、重新貼標、包裝，過期的該丟的丟，有的做了陽台上的堆肥，其他的就分門別類入櫃。三大包香菇估計可以再吃兩年，醃菜脯可以給一軍團做一個月伙食也吃不完，在心裡暗自提醒自己：「我的人生是豐盛的！我的生活是不虞匱乏的！我的食物匱乏恐懼症早已痊癒！胡買瞎買的歲月已離我遠去，再買……我就剁手！」

之六

住在河海之交，都市人最喜歡趁假日來散心玩耍的小鎮，退休前的休假日也是大家的假日，景點、咖啡廳到了週末到處是人，想要享受一杯安靜的咖啡，真是奢侈難求。退休後，日日是好日，鋒面帶來了大雨，河面上吹來陣陣低溫的海風，小鎮到處一片濕漉漉，我們穿上暖和外套，來到久違的林間水涯咖啡廳，抖水收傘一進門，相熟的服務人員笑著說：「你們去環遊世界囉?怎麼這麼久沒見啊?!」暖心為熟客特製的輕食美味濃郁，還有細緻拉花的特調咖啡。一片靜謐，兩杯咖啡、三兩客人、四體皆輕、五內安定、六神清爽、七情舒坦、八面瑩澈、九九歸原、十足的快意人生啊！

之七

另一全新經驗就是廚房呈現常態性開放狀態，從早到晚不停地忙吃忙進食。一早起，以往不可得的悠長早餐，現在想吃多久就吃多久，吃完切點水果，各自稍事勞作或休息，又可起身為中飯下碗餛飩雞湯麵或泡菜炒飯。沒有外出的陰冷午後，最適合吃碗酒釀湯圓或豆沙粽，或是烤個貝果抹上起士果醬。待天漸漸黑了，不出門喝酒的話，就翻翻冰箱，變出幾樣小菜，兩人在廚房邊的小餐檯邊喝邊吃邊聊天。好險至今還沒養出吃宵夜的習慣，也因為開始健走，天天量體重尚喜還在控制範圍。

放手，讓生命來帶領自己

從鬱鬱寡歡到安然享受退休之樂，最感謝的是身邊亦師亦徒、亦敵亦友的另一半張郎。他與我心靈電波相通，當我心念一轉，憂鬱烏雲掩至，他早已收到電波，總能即時發動一場家庭日常悲喜劇，讓我分神脣槍舌戰、丟掃把、甩西裝，常常就在這麼一吵一鬧之間，我的心神一點一點回到尋常的家庭生活，而昔日職場的點滴恩仇，也慢慢在胸中逐漸淡去。感謝兩位好兒子，在媽媽退休後，常找時間回來陪伴身旁，你們是我這輩子上帝最珍貴的恩賜。感謝我的眾多好友，常碰面的，總是替我分憂解悶；不常碰面的，你們在網路上的關切互動，常適時安慰了我脆弱易感的心；感謝我退休後突發奇想幹下的第一票不要命的糖蒜生意，雖然拚到最後，

指甲全數斷光、體重狂跌……但也讓我真正體認到「策略總在行動中完成」，光有再多點子，如果不踏實地採取行動，白日夢永遠只是一場夢。我也體認到人生處處有出路，原來我不是只會上班，更有機會與多位即時出手相助的貴人結緣，認識這麼多默默支持愛護我的好朋友。出外面交糖蒜的我們，常帶回更多朋友們愛護的伴手禮……這一波波的暖流，是如果我一直坐在辦公室裡，一輩子也無法想像與擁有的！

克里希那穆提曾說過：「我們改變不了一座山的輪廓，改變不了一隻鳥的飛翔軌跡，改變不了河水流淌的速度，所以只是觀察它，發現它的美就夠了。」我的人生至此，一切都是我的選擇，一切都是最好的安排，到這時候，只能放手讓生命來帶領我，放手讓事情自己進行，既然已行至水窮處，就是要好好坐看雲起時的時候了。

3 「資深少女」交友記

退休前，我常憂心的想，退休後，如果我沒有朋友，天天只能守著這位只會讓我想跟他抬槓的老男人，人生後半場將會多麼寂寞啊？沒想到，退休後，奇妙的朋友因緣於焉展開。

猶在職場時，每天早出晚歸，通勤時在漫長的捷運車程上滑滑手機，每每看到跟我年齡相仿的朋友同學們，不是一群女人聚餐喝咖啡，就是今天台東池上學做菜、明天土耳其搭熱氣球，要不就是早起運動、中午睡個午覺，晚餐六點吃完晚餐散散步，準時九點上床養生。只有我這個奔六十的老女人，每天雞鳴即起，帶著高中時期的鐵便當盒裝著隔夜剩菜剩飯，通車一小時，去辦公室給人氣受再受人氣……年復一年，日復一日，每天相處時間最長的，就是辦公室裡的老闆與同事。

週末時除了休養生息，還得抓緊時間打掃、整理、煮食與陪伴家人，幾乎沒有時間與機會跟朋友交往玩耍。當初嫁給個性內向的張郎時，我曾笑他這輩子最好的、也是唯一的朋友就只有我，沒想到混跡職場一輩子，到頭來我也成了除了工作與同事，幾乎沒有任何社交生活的人。我常憂心的想，退休後，如果我沒有朋友，天天只能守著這位只會讓我想跟他抬槓的老男人，人生後半場將會多麼寂寞啊？

一頭熱交朋友嘗到苦頭

沒想到，退休後，奇妙的朋友因緣於焉展開。之前臉書上彼此熟稔但鮮少、甚至從未謀面的朋友，因為我的賦閒而一一浮出水面。我結識了藝術氣息濃厚的畫家、精於編織、刺繡與烹飪的手作達人等跟職場同事截然不同，但年齡相仿的有趣女性。初相識時，我們興沖沖地打趣組成女人幫，成員個個生活歷練完備，外表看似刀槍不入，水火不侵，內心卻柔軟似青春少女，對生活與興趣充滿無限的熱情與活力，我們常相約聚餐、喝咖啡與結伴小旅行。無奈頻繁的接觸，在職場上混跡數十年也沒遇上的、讓人匪夷所思的口舌是非接踵而至，從出遊分帳意見不合，到為什麼約她不約我的爭風吃醋，種種莫名奇妙的事件，讓已投入感情的我好一陣子心情低落，甚至被張郎警告別再一頭熱亂交朋友了。

我思忖，原來年紀大了交新朋友，簡直就像在地雷區匍匐前進，冒險且受傷機率極高，再加上新朋友們來自不同生活背景，各自有各自的習性與不同價值觀，彼此沒有感情基礎與長時間相處磨合，我事後靜心檢討，其實朋友就是一面鏡子，彼此投射出優點與缺點。別人的長處我們要見賢思齊，而眼睛所見到他人的短處，其實就是鏡子映照出自己也有的相同的缺點。你最討厭他人的某些言行作為，其實都是你內心深處想做而不敢做的投射。看他人不順眼，其實是對自己不滿意。愈是無法接受自己，想壓抑不欲人知的黑暗面，這些就會在其他人的言行舉止間，不停地出現在你眼前。

相處不累，才是真自在

自己居家安靜了一陣子，了悟凡事無法強求，所有的人都會在最佳的時機來到你的身邊，或離開你的生命。這群朋友後來有的漸行漸遠，有的經過時間磨合漸漸了解彼此的個性與底線，終於成為可以分憂舒壓、無話不談的解語花兒。人和人最好的關係，就是相處不累。不用偽裝、不必勉強，彼此在一起自在舒服。聚會時，慧心巧手的她們常人手一球毛線編織著麻花毛衣，或戴著老花眼鏡，一針針刺繡著清麗的花朵，連扣子都縫不好，常要請張郎代勞的我，置身其間毫無違和感，因為我要負責講笑話讓她們笑得前仰後俯、針腳大亂啊！

退休後所到之處，風景區、咖啡廳，到處都是一群群、一撮撮的中老年婦女，大聲嚷嚷、呼朋引伴，所到之處，大聲吸溜麵條、大口喝咖啡吃蛋糕，自拍棒東南西北四個方位各照五遍還不過癮，四十五度、九十度角繼續取景。每位歐巴桑皆中氣十足，力拔山河氣蓋世，個個回春好似高中少女，一群嘰嘰喳喳，感覺就是在進行某種神秘的集體治療。但似乎鮮少遇見中老年的男人在外遊蕩，更別提成群結黨的老男人了。根據內政部公布的「一〇八年簡易生命表」，台灣人平均壽命八〇．九歲，其中男性平均壽命為七十七．七歲，女性則是八十四．二歲，女人比男人平均多活六．五歲！難道「資深少女」的聚會，不論是吃飯、喝酒、郊遊，或是互訴衷腸，就是比男人長壽的秘訣之一嗎？

退休後，我也加入女人集團治療的團體中，以前的週間，總是充斥著會議與永無止盡的工作，現在的我則與姐妹們閒適驅車上山，在秘境咖啡廳享受山嵐飄忽來去，喝茶吃蘋果派，待夕陽西下時，下山享用小館子道地快炒，輕鬆喝完數瓶白酒，飄飄然醺醺然開心回家。一整天嚷嚷玩耍下來，回家看到張郎，果真佛心爆發，覺得他看起來怎麼真的比較可愛了啊！

退休後比上班時還充實忙碌的生活，我仍維持著長久以來的習慣，一清早起床，尚未喝水進食之前，僅著內衣站上磅秤量體重，以決定當天的進食量，重了就少吃點兒，輕了就可寬心放縱，這是我保持身材的方法。有一次連日出外吃喝玩耍，四體不勤，飽食終日，但日日量體重竟然一日輕過一日，我沾沾自喜地跟剛從樓下拿包裹上來的張郎說：「果真退休後，心情輕鬆，睡眠充足，心寬體自輕。」沒想到日日冷眼旁觀我出外冶遊的他，竟施施然回道：「妳每天跑出去玩，都不知道家裡用了十幾年的體重計壞了啊?!一站上去數字亂跑，前天我站上去一量還二十五公斤咧！我這就是去拿剛買的體重計上來啊！」

原來出去混總要還！難怪牛仔褲愈來愈緊，褲頭勒的我喘不過氣兒來，我被這爛體重計給矇了多久啊！看來朋友多、聚會多，正常生活作息與良好的飲食習慣，還是要注意維持。

「以食會友，手作最樂」之旅

某年參加了女食神莊月嬌舉辦的台東食材採集與手作之旅，我們在阿嬌契作的大芥菜田裡，採摘足有半個人高、菜葉油綠厚實的有機大芥菜，再在她手把手的帶領示範下，將芥菜清洗、晾乾、搓鹽、曝曬、裝罐醃漬，透過不同時間長短的曝曬與發酵，平常只會拿來快炒或煮成芥菜雞湯的普通蔬菜，在海鹽的醃漬入味與太陽、時間的催化下，幻化為鮮脆的雪裡紅、陳香的福菜與味道愈放愈醇厚的梅干菜。這一趟好山好水的「芥菜三部曲」接地氣之旅，我與阿嬌彼此一見傾心從此結緣，也與這群志同道合，愛食材、愛手作的姐妹們，結下以食會友「體重漸增終不悔」的好食友誼。

後來在阿嬌的帶領下，在各地進行「以食會友，手作最樂」之旅，我們踩在無化肥汙染的淨土上，田裡現採蔬菜、雞窩裡撿拾熱呼呼的土雞蛋，樹上採摘在欉黃的木瓜、柑橘，充滿大地能量的天然酵素，零食物里程的新鮮食材，用最簡單的調味，即可烹煮出讓人驚艷的好味道。其中一對朋友夫婦退休後，花了數年在台灣四處紮營露宿，測試水質、體驗氣場，最後選定台東一隅的寶地，做為他們小隱隱陵藪的家。舒適穩固接地氣的房舍，從臥室即可欣賞湛藍太平洋上日落月昇，屋子四周圍繞著山林草木及有機種植的菜園與果樹，想吃什麼，就拎著菜籃四處採摘。與世無爭、恬淡安適的生活，讓我這在城裡鎮日忙得滿頭包的俗人，羨慕的恨不得馬上「買條老牛學種田，結間茅屋傍林泉。因思老去無多日，且向山中過幾年。」

還有一對曾叱吒商場的夫婦，退休後拋下都市裡的房屋家當，來到阿美族聚居、整個部落他倆是唯二漢人的山青水秀之處定居。乾淨整潔的部落，後倚巍峨的金剛山，前方正對無際的太平洋，四周圍繞著一方方翠綠的稻田。

我們在他們的帶領下探訪觀光客無從知曉的秘境，整片翠綠原生草地，散落著東海岸千萬年前由海底板塊升起時的嶙峋巨石，錯綜有致的樹叢，一道灌溉大圳穿流其間，陽光篩落樹影、清澈的溪流裡游魚處處，靜謐的山谷，大冠鷲乘著太陽鼓起的熱氣流自在滑翔。人間仙境應該就是如此吧？在這裡大聲講話、做任何事感覺都會褻瀆這片純淨之地。我們輕聲細語，採擷藤蔓及俯首皆是的小花，大夥席地圍坐，享用美酒美食。晚上在民宿自炊，歌唱夜飲至醺醺然，一起仰臥在大海近在呎尺的木台上，整片像綴滿碎鑽的銀河，如軟毯般撲頭蓋腦迎面而來，彗星從眼角悄然墜落，我在心底趕緊許下早已觀想數百次的願望。

第二人生的新風貌

有些奇妙安排，因緣俱足時自然水到渠成。我幸福地被一群曾一起共事，友誼超過三、四十年的老同事老朋友群溫暖接納，曾服務於電視台的這群可愛女人，絕不如外界所想的在讓人眼花撩亂的大眾傳播業工作，一定華而不實、揮金如土、愛好虛榮。她們由年輕初出社會時開始共事，見證彼此結婚成家、生兒育女，認真盡職一起工作直至退休，低調踏實的同質性，讓她們的友誼歷經數十年堅貞不渝。這幫老朋友有句名言：「我們在一起，從不講、不聊、不探聽不在場朋友的是非。」不八卦、不虛偽、不計較，數十年來從未有過口角的友誼，真是益者三友「友直、友諒、友多聞」的最佳的現代版。她們熱情地讓我為成員之一，酒酣耳熱的聚餐常有偶像級的大記者、主持人、導播或明星老友加入，個個毫無架子，互動親切溫暖如家人，反而是我每每化身為小粉絲，卯起來合照只差沒要求簽名。

上班時已很久沒有員工旅遊，退休後更沒機會像學生般集體出遊，我們這群蜜友們，一起搭著遊覽車歡樂四處遊覽。幾位加起來近三百歲的資深熟女，晚餐喝足了紅酒，唱爽了歌，妳穿泳裝我圍毛巾，醉眼矇矓共享一池熱呼呼的溫泉，夜裡兩人一床，背靠背一夜安眠，清早無需鬧鐘喚醒，不爭不搶井然有序盥洗梳妝，每人行囊都如百寶箱，各式零食、應急藥品一應俱全，一路上彼此照應提醒，自在開心地一起小旅行。女人活到我們這把歲數，全心為家庭孩子與工作無我付出的美好一役已完成，曾為滄海的歷練，讓我們歡喜自在想開也想通，分外珍惜這體力猶強健的黃金歲月，有句話說：「世間所有的相遇，都是久別重逢。」我幸運地與這群密友結緣，生活從此更為豐盈甜美。

研究顯示，退休後的人生若要健康快樂，其中一個關鍵條件是你要擁有一些知心好友，可以陪你歡笑陪你淚。過去由於上班忙，沒時間聯繫的老同學老朋友，慢慢重新聯絡起來，並納入自己的退休活動安排中，老朋友有更多共同回憶與話題，重新建立起的友誼也更親密。我更因為結識了許多價值觀與自己志同道合的新朋友，為第二人生開展了嶄新的樣貌。曾看過一說：「五成以上的老人感覺很孤獨。」在職場時，你有頭銜、有同事，退休後，無論內心是否感到孤獨，生活單一、社交少都會增加患病與陷入憂鬱的風險，人到暮年，多交朋友真的有益健康長壽，幸運的我，能有如此多知心友、興趣友與榜樣友的圍繞，真的真心感恩啊！

以煮會友，其樂無窮

我有一群分居各地的好友，一年總要聚個幾次，大家分頭採購自己居住地的好食，相聚歡樂煮食。其中兩位好友住在九降風強勁的新竹風城，我們群體療癒的快樂行程，常由逛新竹地區最大的「竹東客家市集」展開。姐妹熟門熟路地帶我們先吃手工純米粿仔條，乾粿仔條佐料甜鹹交織，炸得酥香的油蔥酥是美味的靈魂；大骨熬的湯粿仔條鮮美暖胃。吃完再買上阿嬤手作油蔥酥、大蒜辣椒醬，開始認真走逛快樂行程。沿著清澈頭前溪延伸的竹東客家市場，婆媽們擺放各式自己栽種的冬季大出蔬菜，梗壯葉肥帶著小白花的芥蘭、嫩腴沉手的白玉蘿蔔、香氣馥郁的珠蔥、帶根香菜與幼嫩芹菜、附近山林採摘果香四溢的佛利蒙柑；自家醃漬的福菜、酸菜、蘿蔔乾、各式客家粿仔、碗粿、年糕等米食，我們這群一心準備煮食一桌盛筵的女人，且走且買，「欸，香菜我買了，妳們別再拿囉！」、「這個蘿蔔好，我來煮湯！」背包愈來愈沉重，雙手也提到幾乎脫臼……不行！客家庄又油又香的油雞還沒有買，飯後甜點湯圓也還沒入袋！若不是時間快要過午，還真不知要在這寶山中流連多久。

車上載著沉重的菜籃車，我們歡喜滿足的抵達好姐妹位於山邊，視野遼闊，廚房專業寬敞如專業烹飪教室溫暖的家。大家拿出囊中因地利之便為姐妹們預購的各地特產：基隆甜不辣、吉古拉與馳名豬腳；淡水魚丸、魚酥與鐵蛋；新竹水蒸蛋糕、貢丸、紅糟肉圓、肉鬆、果醬；還有阿嬌台東池上親自栽種的鮮甜蒜苗、自製鹽麴鹹豬肉，一桌子滿滿的精選好物，一箱好酒、一地新鮮的在地蔬果，一場紅紅火火的熱鬧烹飪盛筵於焉展開。

妳洗菜、我燉湯、她擺盤、大家邊喝邊捏菜吃邊笑邊鬧，我占著熱呼呼的三口爐之一，認真地為主人家的抹布們，進行神聖的淨身儀式。五顏六色的抹布，先打肥皂洗個乾淨，大鍋燒熱水將它們一一投入，煮滾倒掉髒水再續乾淨水繼續煮，直至滾水澄澈無味，條條抹布扭乾時澀澀又香香，每次來到這做大事業的姐妹家，為了報答她熱情的招待，我總執意發揮潔癖，為她做上這件小事兒。熱鬧的美食饗宴，由午後展開直到黃昏，華燈初上，窗外山風野大，我們帶著醺醺然的酒意，起身繼續洗切，油熱鍋劇哧啦哧啦，一道道下酒快炒陸續上桌，我們開酒舉杯直至夜深。豐盛美好的一天，世人都曉神仙好，其實我們真是爽快賽神仙啊！人生在世，心情難免不美麗，有的因工作壓力、有的生活有所波折，如此舒心解放的相聚，妳講東我扯西，談話內容不重要，這種分享心情、一起買菜動手煮菜做飯，共享美食的聚會，真的是讓心靈恢復活力與動能最有效的標靶治療。

4 我的意外糖蒜人生

往年一年只做個二、三十罐糖蒜，孝敬長輩，致贈親友，自己享用，小家小院小興趣，足矣！哪想到退休後一不小心接下數百罐糖蒜訂單，這下子剝蒜剝到後悔也來不及了。

我是山東人，從小大蒜就是家裡餐桌上常出現的日常食物。山東人大蒜吃法兒多，且多是生吃。最常見的做法就是用石臼子砸成蒜泥，涼拌一切可涼拌的菜：小黃瓜、海蜇皮（頭）、蘿蔔絲、豆乾、白菜心、蒸熟的茄子、粉絲等等。吃炸醬麵時整顆大蒜往嘴裡扔，一家人還一定要一起我吃你也吃，因為據說吃大蒜的人聞不到別人嘴裡的蒜味兒，如果你不想等等忍受一屋子的蒜味兒熏天，那就趕緊加入吃蒜的行列。我們家傳還有一種全家都愛的吃蒜法，就是將好醋與冰糖調製一定比例，將蒜醃漬成「糖蒜」。

人間銷魂神物

做糖蒜的大蒜，一定得用一年才收一次、清明前後上市的水嫩新蒜來做。整顆的大蒜，剝去外層帶著泥土的外皮，掰開蒜瓣，以清水淘洗，之後耐心繼續剝至僅留下數層乾淨幼嫩的蒜皮，再泡水洗淨，以醋、冰糖、裝罐醃好。家中年年醃製這爽脆的糖蒜，酸甜適中，口感嘎嘣脆，嚐過的無不驚呼世上竟然有如此之美味。有時腹部脹氣不適、胃口不佳，吃幾顆糖蒜，立馬舒坦開始想吃東西。

糖蒜汁也是寶，千萬別扔，這泡過大蒜的精華汁液，可以繼續用來漬小黃瓜、做涼拌菜、蒸魚、煮羅宋湯時加入一些，鮮香味俱足。這保肝健胃又排毒的糖蒜，真正是「清明新蒜細裝罐，端午時節正好食，勸君多茹此好物，消食降火促健康」的人間銷魂神物啊！

大蒜本來是辛熱的食物，吃多容易上肝火，但浸泡而成的糖蒜，不僅蒜的辣味減輕，其辛熱之性也變得緩和，因此即使陰虛火旺的人也可以多吃一些。老北京冬天吃涮羊肉，一定吃點糖蒜，去腥解膩，幫助消化，夏天吃糖蒜，增進循環，幫助消暑。我的爺爺、奶奶皆活到九十八、九十六歲高齡無疾而終，可能就是餐餐都有大蒜與糖蒜相伴吧。

往年一年只做個二、三十罐糖蒜，孝敬長輩，致贈親友，自己享用，小家小院小興趣，足矣！退休後的三月間，因緣際會參與了一場優雅有趣的市集，我除了做一些吃食，也將自己做了一年期的糖蒜拿出來分享，總共帶了八小罐，沒想到一擺出來瞬間秒殺，許多向隅的朋友，因為撲空而徒呼負負。又逢人間四月天，新蒜上市了，既然退休在家，忽而興起乾脆擴大辦理，沾沾自喜卯起來做了五十罐，覺得自己果真晉身大戶人家，甚是得意。於是在臉書發文分享開賣，沒想到才公開不到二十四小時，訂單由四面八方蜂擁而入，不到一天已突破兩百罐，到後來更累積至三百罐，最後擔心新蒜貨源取得不易，趕緊喊停，不再接單。從此，天天臉沒時間洗，牙也沒空刷，餐餐吃便當，二老埋首剝蒜到天光，兩個月慘絕人寰的日子於焉展開。

家庭剝蒜工廠

以往一年頂多做十斤糖蒜，自給自足，輕鬆愉快，頭腦不清接單開賣之後，從頭到尾起碼做了近兩百斤。最先是接受好姐妹慷慨分享，由產地直送整個大麻布袋的大蒜，麻袋一落地，那泥、土與灰迫不及待地由編織稀疏、孔洞極粗的麻袋縫中傾瀉而出，搞得一屋子髒兮兮，嚇煞人也。大蒜取出來是灰黑色沾滿泥土，我們得先在陽台上戴著口罩，於塵土飛揚中剝去帶土的最外層蒜皮，滿天飛舞輕飄飄的蒜皮，掃不勝掃，簡直逼瘋有潔癖的我。然後再將大蒜一盆盆泡水、換水、淘洗去沙土，粗略剝成蒜瓣後再以清水洗淨，這樣才只是剝蒜功夫的一半都還不到。

重頭戲是我與張郎在家裡一人抱著一盆清洗乾淨尚有厚皮的蒜瓣，低著頭拱著腰戴著老花眼鏡，一顆顆仔細剝至白淨蒜瓣只剩一、兩層嫩皮。這種活兒只能純手工一顆一顆慢慢來，當時有許多朋友看我們實在太辛苦，分享了眾多剝蒜的方法與剝蒜神器，但糖蒜要中吃，更要中看，用工具擠、壓、磨，都會損傷玉白蒜瓣的嫩膜，我們只能就這樣用雙手，一盆盆、一斤斤剝……謝絕一切邀約應酬，家庭即工廠，剝到後來十根指頭指甲全數斷光，感覺指紋都快被磨平。其間還歷經新蒜產地貨源不足，訂單差點開天窗，我擔心到夜不成眠，成天繞世界到處打聽哪裡還有新蒜，就在此時，上帝為我送來完美的救援！

您曾經聽過這麼一句話嗎？「當你真心想完成一件事時，只要你夠想，整個宇宙都會聯合起來幫助你！」一位在我臉書潛水已久的臉友發來私訊，說她在淡水開餐廳，認識許多有機小農，如果我有需要可以去看看。這無異就是天使的訊息啊！這位貴人姐妹不但為我找到品質極好的有機新蒜，看我們二老剝蒜剝到老命快要休矣，最後還自告奮勇加入剝蒜行列。生命中的貴人總在你最徬徨無助卻仍然保持樂觀與希望時出現！小鎮有美食、更有人情味，誰會想到河邊美味又浪漫的披薩店，竟成為薇姐好食的剝蒜中心。

糖蒜事業好處多多

為了完成老婆退休後的第一個志業，張郎幫忙剝蒜、裝箱、郵寄、還要載著我四處面交，二胡沒時間拉、踢踏舞缺乏練習，上課跟不上，當時他被表演課老師引薦，在一部電影中飾演一個鏡頭不多，但台詞卻十分關鍵的小角色，自詡「淡水張秀波」的張郎憂鬱的跟我說：「每天被妳關在家剝蒜，累得腰痠背也疼，我這才起步正要大紅大紫的演藝之路，就這樣被妳的家庭手工給耽誤了啦！」忙了一整天，他還要漏夜去取貴人幫忙剝好的蒜回家醃製，夜裡我走在後頭，看著他背著大蒜的背影，突然覺得自己好像終於達成，說好退休後要讓張郎生活更充實的目標了！

製作糖蒜如火如荼之際，我在日誌中寫下一首打油詩，調侃當時含辛茹苦的我們：

家庭即工廠，處處蒜飄香，
婦唱夫也隨，齊心勤加工，
老爺操不得，唉唉吐哀音，
老婆與正高，您還得使勁。

現在回想起來，退休後做起這家庭糖蒜事業，好處還真不少：

- 家庭企業沒有職場裡同事們的勾心鬥角，一切老闆俺說了算！加上手作忙碌，二老根本無暇鬥嘴，促進家庭和樂。

● 每日從早忙到晚勤勞操作，無暇吃飯喝酒，日漸身輕如燕，二老不用減重，體重降至近年新低。

● 當時設定糖蒜交貨方式有三：宅配、捷運沿線面交或請至小鎮喝咖啡面交。可以開心與許多神交已久，但素未謀面的臉友見面。大家來到小鎮，都戲稱淡淡四月天，濃濃大蒜香，一到淡水，空氣裡怎麼瀰漫著一股蒜味兒啊?!真的是何能何德，許多第一次見面的朋友，親切如失去散多年的姐妹，初見面看到我附在糖蒜中的手寫卡片，感動到眼淚奪眶而出，還有好多位朋友送給我貼心的伴手禮（如心疼我剝蒜剝到脫皮雙手的護手乳等等）。

每日在家心安理得，勤快手作，還可以四處交朋友、常保歡笑，我突然體認到，原來我不是只會上班賺錢，原來靠著夫妻同心，勤奮的雙手及對健康美味的堅持，我也可以賺到生活所需、得到無價的友誼，並與朋友們分享手作的健康與美味。一切果真就是最好的安排啊！

順勢而為才是王道

記得在那漫長整整兩個月忙碌的糖蒜工程中，一個辛勤工作天，天熱沒穿襪子與室內鞋的腳，因為忙碌走動，一腳踢在桌腿上，電擊般的疼痛由下而上，痛感神經傳達至腦部時，極能忍痛的我也禁不住哀嚎！到了晚上右腳小拇趾整根呈現絳紫色，瘀血一片蔓延至大半個腳背，整夜腫脹痛難以安眠。幸虧及時敷了好友的秘制藥酒、日本氫水、噴了急救花精，好幾天後瘀血腫脹才慢慢開始消散，好一陣子無法好好穿鞋。

後來翻看身心靈平衡的書籍，書中說：「疾病就是身體發出的訊號，而腳趾頭出現問題，是對於未來的事件缺乏自信與支援。」看來這爆多的有點始料未及的糖蒜訂單，我們得量力而為，千萬不能逞強。當下我決定暫時休息幾天，安排一趟小旅行，兩人一起出去走走放鬆一下疲累的身心靈，好好整理一下情緒。醫病必先醫心，給自己打打氣，充飽了電再繼續開工。

這退休之後，無心插柳柳成蔭的「糖蒜人生」，原本只想分享家中現有的五十罐，最後演變成了三百罐，二老月日以繼夜的剝蒜、裝罐泡製、包裝、聯絡面交、寄件……原本平靜規律的生活作息大亂，從不熬夜的我們，每天不忙到一兩點不睡，清晨即起繼續勞作。但在那一陣子忙碌的勞作中，雙手不停忙碌，腦中的思緒反而有了沉澱的機會。

一直在思考，退休後總要做點什麼事吧？所謂退而不休，只為發揮所長，但當你愈苦苦思索，不知所措時，具體的實相反而愈來愈遙不可及。就如同剛學游泳的人，在水中肌肉緊繃，四肢僵硬，愈亂划水愈往下沉，但當你一旦學會放鬆，反而可以慢慢浮起，輕鬆學會游泳。臣服的力量就是，當你讓自己放下恐懼，擺脫掙扎，感受你正快樂的做著自己想要的工作（事實也正是如此），真實體驗願望達成的喜悅，感受美夢成真的結果，就能彰顯你的目標並集結歡樂的力量。「策略總在行動中形成」，沉浸在做好吃糖蒜的專注中，享受分享給朋友們愉悅的氛圍裡，不要擔心結果，

只要盡情享受過程，順勢而為，原來才是王道啊！退而不休的下一步，就在積極的行動中慢慢撥雲見日了。

糖蒜生意讓我交到一位好朋友

在我焦頭爛額，繞著世界找新蒜之時，臉書上一位陌生的臉友傳來訊息：「……我是妳潛水已久的粉絲，也住在小鎮，開了一間餐廳，我常跟產地的小農訂食材，可以找到品質不錯的新蒜，妳要不要來看看？」感謝這好似天上落下久旱後及時雨的救命訊息啊！我們趕忙照著地址，找到這家開在小漁港邊，一對夫婦經營的披薩異國料理餐廳。室內布置優雅有致，小庭院裡種著氣味馥郁的各式香草與攀爬盛開的玫瑰藤蔓，悅耳的爵士樂迴旋在可以遠眺河海之交的餐室裡，念生化的老闆遠赴歐洲習得烹飪好手藝，老闆娘從小家傳會吃會做。我如願看到品質極佳的有機小農產地直送新蒜，也認識了親切個性豪爽的老闆娘。我們一聊投機，人親土親彼此是近鄰，而且都愛吃愛煮食，糖蒜貨源順利獲得解決，我也多了一位朋友。

做糖蒜最耗時費工的就是剝蒜。這費工的活兒，我與張郎兩人四手，再怎麼沒天沒夜地趕工，老天爺！一百多斤的蒜是得要剝到哪一年啊？而且如果不抓緊時間，動作不夠快，鮮嫩多汁剛採收的新蒜，一旦發黑發霉，將全數無法使用。此時，當初幫我找到新蒜供應的闆娘提出，將剝蒜工程付費發包給她認識的地方婆婆媽媽幫忙，沒想到大蒜發包出去沒兩天，就全數被退貨，因為如此的繁複慢工細活兒，完全出乎她們的想像，付再高價也不敷時間與人工成本，根本沒人想做，紛紛打退堂鼓。

從此，當夕陽緩緩在遠方海面西下，小港裡因為退潮水位低落，漁船擱淺在港內泥底上，彈塗魚與螃蟹四處忙碌覓食，小魚困在淺灘等待脫困，遠處天邊海潮滾滾，靜待漲潮時分，再度洶湧入港，我與張郎即肩挑手提大包小包大蒜，依約來小港邊的餐廳，與當初建議發包不成，奮勇義氣幫著我們的老闆娘一起剝蒜，最後連她的乖兒子也出手幫忙，我們在餐廳院子花棚下，一人面前捧一大砵，伴著波濤拍岸的浪漫音頻，低頭認真剝蒜。

常有遊客路人經過，好奇地問：「老闆！你們這裡在賣大蒜喔？可以買嗎？」我們除了苦笑，手上的活兒完全不敢停歇。蒜剝累了，吃片現烤披薩、喝口白酒稍事休息，原本需要耐心細心、辛苦的手工，愈做愈熟能生巧，我們邊做邊吃喝邊聊，愈做愈有勁兒，重複性的手工竟然變得有趣而不枯燥乏味了。這寓工作於娛樂的美好安排，實在太符合我的「做一切的事都要有趣、都要樂在其中」的生活哲學了。

5 老樹也能開新花，張郎的舞動人生

在他人生過半之時，這些豐美的禮物一一出現在他的生命之中，他求知若渴的學習吸納。以前可以好幾天足不出戶的繭居之人，因為出門上課，人際關係拓展了，他發現了過去自己個性中的盲點，更發揮驚人毅力去面對克服。

先我退休的張郎，早先確實因為適應的困難，心志消沉了一陣子，但當我們從內湖搬到淡海新市鎮後，他的個性有了戲劇化的改變。是因為小鎮靈秀的氣場？還是清新的自然環境？張郎似乎突然開竅了，他找到了一個與之前截然不同的生活方式。

最主要的改變，就是開始學習許多以前想學，但沒有時間或缺乏環境去接觸的東西，如二胡、脫口秀、默劇、踢踏舞與戲劇表演，令我訝異的是，他學的所有東西，都是跟自己內斂的個性完全相左。他給我的回應是：「如果我還是用以前的方式過日子，那我真的是不用再活了！」因為之前的黑白人生，無色無味無生也無趣，不勇敢突破自我，走出舒適圈，未來的老年生活讓人根本毫無期待。當時的我，正在職場的最高峰，整天忙進忙出，哪裡會有時間管他，我們就這樣住在一個屋簷下，白天各自放飛，自由發展，晚上聚頭時，談話內容除了柴米油鹽帳單付了沒，還分享彼此一天的酸甜苦辣的日子，一過十幾年。忙碌的我只漸漸感覺他的話多了，勁兒大了，也愈來愈容光煥發了。

意外成為脫口秀中的女主角

對沒有任何音樂與樂器學習背景的張郎來說，選了跟隨畢業於北京中央音樂學院主修二胡的老師，一對一學習只有兩根弦，在所有樂器裡聲音最接近人聲的二胡，沒想到，習藝難度超出他的想像。光練手指要能按在正確弦的位置，就不知花了多少時間，我與栗子的耳朵，也在他日日割雞脖子的撕扯聲中，千錘百鍊過了好多年。他跟我說：「小妹，再忍耐一下，只要我學會二胡名曲〈賽馬〉，能拉出那種古代胡人在草原上馭馬奔騰的豪邁之聲，我就算學成了！」現在〈賽馬〉是學成了，但在我聽來，簡直就是一群脫韁野馬不聽指揮繞著世界亂跑。他現在下一個目標是，拉一首包含有馬嘶聲的名曲〈戰馬奔騰〉，看來我和栗子的耳朵還有得受了。

學習「脫口秀」對張郎來說，是另一個更強的衝擊，因為只要得在公開場合上台講話，對於內向的張郎都是能免則免。每堂上課，老師都要學生們準備十分鐘的表演內容，脫口秀不是只站在台上說笑話，而是要確定說話內容的每個梗都要有爆點。對一個感情十分內斂的人來說，這簡直就是雙重打擊。常看到他下課回家後的沮喪表情，平日更是在一種充滿壓力的心情下準備上課作業，突然有一天，他豁然開朗地對我說，老師終於點破了他的盲點，老師說：「幽默不是取笑或戲弄他人，而是來自自己生活中的痛苦！」從此以後，只見他沒事就拿著筆與筆記本，在家中隨處振筆疾書，唸唸有詞，以前那種憂鬱與沮喪的表情不再，直到最後一堂在「華山文創」的成果發表會結束後，他欣喜的告訴我，當他發表完下台時，台下觀眾歡聲雷動，老師給的評語只有八個字：「一氣呵成，無懈可擊。」我問他為何從一開始抓不到重點，最後獲得老師如此高的評價？他說：「因為我所有的梗，都是圍繞在和妳的生活相處啊！」我的老天爺啊！原來每次開車送他上課，他的同學們一看到我，個個都笑得花枝亂顫，樂不可支，原來……我早已成了他脫口秀課堂中的最佳女主角了。

在默劇中開展肢體

與對盤之人（這世界上還真不多啊！）可以侃侃而談，但其他時間都像個悶葫蘆，且肢體語言保守且鮮少的張郎，始終對法國的馬歇．馬叟默劇中豐富的表情與肢體動作充滿了興趣，或許文靜內向的他，希望可以不必透過說話，就能表達自己的內心世界吧？當他發現住家附近的「國立台北藝術大學」竟然有默劇課程時，當然就興奮報了名。但實際課程內容卻與他的想像有點差距，他以為一上課老師就會教默劇表演的基本技巧，老師實際上教授的，卻是帶領學生學習如何放鬆自己的身體，去模仿大自然中植物、動物、風花與雪月的變化，像是身體該如何表現一片樹葉在微風飄落，或一張從天而降被撕碎的紙，即使是表演機器人的動作都要先全然放鬆身體肌肉，才能表現出外在僵硬的形貌。

只見他上完課後，整天就在家大門口前的落地鏡前扭動肢體，忽而說我現在是蝴蝶，等一下又變成一塊可隨意變形的黏土。一天買完菜回家，我正蹲在冰箱前整理存貨，身邊一堆順手擺放的空塑膠袋，張郎湊熱鬧從旁經過，「砰」的一聲，我嚇得轉頭一看，原來他一腳踩在塑膠袋上，整個人側身滑倒在廚房的磁磚上！心想這下大事不妙，這一摔可摔的不輕啊！沒想到只見他若無其事、氣定神閒的站起身來，拍拍衣服，未見任何痛楚的表情，問他：「你確定沒事？」他笑著表示，剛剛用上了葉子從樹上飄落，即興放鬆身體的招式，讓自己避過了一個以前可能一摔就受傷的災難。看來學默劇，除了可以讓肢體隨心所欲表達情緒，還能柔軟肌肉，避免運動及意外傷害啊！

展現火熱內心的踢踏舞

話說自從有一天，張郎在youtube上看了一段美國喜劇演員鮑伯．霍伯（Bob Hope）和詹姆斯．賈格納（James Cagney）的雙人踢踏舞表演後，從此與踢踏舞結下了相見恨晚的不解之緣。他說對於內向又缺乏女人緣的他來說，不知道還有什麼會比跳踢踏舞更能展現他火熱內心與自認十足魅力的方式了。踢踏舞基本動作難度不輸二胡，光練熟幾個最基礎的舞步就要花上一年的時間。跳踢踏舞最重要的是要有節奏感，只要爵士樂一起，不限時地且不需要任何舞伴，皆可來上一段好萊塢式即興奔放的踢踏獨舞。跳舞對一般年輕人來說，或許不是什麼難題，但對一位耳順之年、一輩子除了高中救國團活動跳過土風舞、筋骨不復柔軟，節奏感只停留在王夢麟的民歌〈木棉道〉的耆老而言，這可是屬於登陸月球等級的工程了。除了興趣、恆心、毅力，還要有一股「老子有一天一站上台跳兩下，一定風靡全場馬子」的動力，才能讓他在一群平均年齡比他年輕起碼三十歲的同學與指導老師前，一堂課都沒缺的一學三年啊！

為了加強脫口秀的表演深度，張郎開始接觸戲劇表演，希望能有感動觀眾、情感深入的演出。「北藝大」真是嘉惠張郎良多，他愛的表演課程讓他欲罷不能的上了二年多，直到現在還在持續學習，從「表演基礎」、「即興創造」、「角色與情境創造」、「獨白練習」、「劇場排練」到「九型人格」，愈上興致愈高。其間還在老師的推薦下，參與了一部電影的演出，雖然角色出場的時間並不長、台詞也不多，但他自認這個角色的關鍵，在於一部分的台詞必須以台語呈現，這讓講台語比說英文還困難的張郎四處認真拜師學習，雖然一句「天上掉下來的禮物」被他反覆練習成「梯頂落下來的蓮霧」，但這次的演出經驗，讓他對電影與演員角色的詮釋有了更深一層的認識。他認為戲劇表演課程，對他真正的影響並非在如何去演一個角色，而在於分析一個角色的人格特質，了解其內在心理轉折與外在行為的呈現，才是扮演好角色的真正核心重點。

獲選最喜歡的演員

在戲劇表演課程結束後，老師為同學們安排演出一場由美國一九五六年知名電影《十二怒漢》（*12 Angry Men*）改編的舞台劇《十二怒漢》，這是一部圍繞十二人陪審團辯證討論的戲。張郎飾演陪審員C，他是位五十幾歲的美國中產階級，跟青少年時期的兒子，在一場嚴重父子衝突後，數十年沒有講過話，這段過往讓他在十二位陪審團員中，成為唯一一位獨排眾議，堅持己見，一口咬定那位有弒父嫌疑的青少年必須送上電椅。最後卻因自己不諒解父子失和過往，在情與理天人交戰之下情緒崩潰，痛哭失聲，放棄了對那位青少年嫌疑犯有罪的堅持。

這個角色不好演，尤其幾近偏執的個性掌握，會決定觀眾是否會被這位傷心的父親感動。身為兩個兒子的父親，雖然他沒有劇中父子關係的糾結，但不難體會父子之間的情感矛盾，整個劇本從背大量台詞、練走位到情緒培養，漫長過程中，因給自己過大的壓力，竟然不自覺地咬斷了一顆臼齒。

正式演出時的最後一幕，他激動地跪趴在地上，崩潰痛哭失聲，此時胃部突然抽筋，那種痛是非常難以忍受的，他卻不能站起，必須繼續投入情緒演下去。也許冥冥之中自有定數，表演結束後，在現場觀眾的票選下，他獲得了兩項殊榮：

1. 印象最深刻的演員

2. 最喜歡的演員

藝術，讓退休人生更豐富

張郎說他這一輩子最缺乏的就是藝術細胞，舉凡音樂、美術、舞蹈、戲劇，沒有一項與他的生活有任何關聯。但在人生過半之時，這些豐美的禮物一一出現在他的生命之中，他求知若渴學習吸納，以前可以好幾天足不出戶的繭居之人，因為出門上課，人際關係拓展了，也發現了過去自己個性中的盲點，更發揮驚人毅力去面對克服。

以我對張郎退休後這幾年的近身觀察，他一向非黑即白二分法近乎潔癖的人生觀，因為展開心胸，勇敢踏出舒適圈學習新事物，變得更具彈性與包容力。以往一個朋友都沒有，唯一朋友就是在下我的獨行俠，因為生活圈的拓展，雖然到現在還是人家十約八不去，最起碼有去了兩次，而且有了許多家人以外的網路群組，整天分享學習經驗、上課心得，忙得不亦樂乎。以往對我管教甚嚴、緊迫盯人，不愛我呼朋引伴的他，現在也欣然加入我的飯局、接納我的朋友，與大家一起同歡。

當一群群女人群聚學習烹飪、繡花、繪畫……時，她們退休後的老公在家幹嘛？除了打高爾夫球、飲酒作樂以外，生活中似乎很少看見一群退休男人聚在一起學習。就像張郎的戲劇老師在「九形人格」課程中對他個性的描述：「實際上，他已突破自己根本個性的窠臼，朝向一個更健康正向的人格特質邁進。」換句話說，當一個典型完美主義者，不再用自己狹隘心中的主觀去觀看理解這個世界時，他已走出樊籠、釋放自己，他將活得更自由自在，更愉快，周邊世界也會因此更宜人美麗。這不正是一個退休後的中年男人，在生活中該具備的一種生活態度嗎？

6 哀樂中年，百般滋味

兒子忽然在家人群組通知我們他結婚了、老爸爸一年之內從可以翩然起舞至癌症確診，這中年的滋味啊、真是百般悲喜交織，只能兵來將擋、水來土掩，細細咀嚼了。用祝福代替擔心，念力愈大，心想必定事成！

我與張郎及兩位長大成人，獨立在外工作的兒子有個 line 家庭群組，分居三地、幾週才會見面的一家四口，常透過這通訊群組互通有無，彼此問候。退休後近一年的某天，小兒子傳來辦公室裡最近發生的趣事，二老也告訴兒子們爸媽今天上電台接受專訪的種種，此時叮咚又響，大兒子傳來兩張身分證照片，一看！咦！這不是他與交往年餘，我們已極為熟稔，印象十分良好女友兩人的身分證嗎？再定睛仔細看看清楚，天啊！兩人身分證的配偶欄上竟然寫著彼此的名字，我正在一片狐疑之中，以為是從小頑皮的兒子又在惡作劇戲弄老母之時，緊接著訊息又來：「我們剛剛結婚囉！」

領悟為人父母者必需先愛自己

張郎正開車中，坐在車上副駕駛座的我，驚嚇又驚訝地說不出話來……只能尖叫著拍打正在開車的張郎：「喂……我們兒子結婚啦！！！我們當公公婆婆了啊……我們終於有女兒了啊！」一向冷靜的張郎，握著方向盤的雙手忽然抖了好幾下，轉過頭來對著我哈哈大笑：「真的嗎？兒子這個 kuso 還挺有梗的！」驚魂未甫的我，摸著胸口喘著大氣，感覺如夢似幻，一切都好不真實。怎麼兒子的終身大事，就在我這做媽媽的不知不覺、完全沒有參與之間，這麼輕易簡單地完成了？一直覺得我們一家人感情親密，父母子女無話不說，為何這麼重要的終身大事就這樣匆匆完事？內心忽然有種難以言說的失落感襲來。

待稍後冷靜一下，漸漸想開了，真正開心地笑了。兒子交往已久的女友聰慧嫻靜，美麗又能幹，與我們一家相處融洽，全家早已將她視為家中的一員，我們之前也曾有意無意的催婚但毫無下文。他們交往好一陣子，彼此情投意合，充分了解，願意一起攜手相伴一生，真的很值得高興。婚姻本來就是兩個人的事，要學習尊重子女是獨立個體，有自主決定權，父母無權操控。孩子大了，就如繫了舊細線的風箏，迎風扶搖遠颺，這身上的一縷堅韌細絲，就是父母的諄諄教誨、殷殷期盼與永無止盡的掛念，唯有想開想通，用智慧利刃斬線，才能了無擔心，滿懷祝福真正的放手。

在那一刻，我了悟為人父母者必需先愛自己的意思。所謂愛人先愛己，父母不愛自己光愛兒女，說自己為子女犧牲云云，這種愛是討愛、是希冀回報、是給對方限制與壓力的愛。我們既已將兒子扶養成獨立自主的有為青年，現在覓得良緣，結為終身伴侶，做父母的除了放心，其他就是無限的祝福。唯一讓我稍感煩惱的是，訂做了一櫃子旗袍，總是戲稱在兒子結婚時一定要跟新娘子一樣換穿好幾件，現在小倆口決定要辦海島沙灘婚禮，人算不如天算，媽媽我的旗袍肯定是沒亮相的機會了，現在要擔心的是會不會要我穿上泳裝出席婚禮啊？

深信治家教子要有義方

外表看似新潮，內心實則非常老派的我，深信治家教子要有義方：若父母親只言傳而不身教，孩子永遠做不到。兩個兒子從小勤管嚴教，功課好壞不是重點，生活起居、家庭倫理，父母榛樣必須以身作則，做為孩子們的好榜樣。例如見到長輩要主動有禮貌叫人打招呼，是生活與倫理的基本項目之一。記得有一次孩子小學時清早上學，小兒子在家門樓梯口磨蹭著不肯下樓，原來他聽到樓下鄰居阿姨也正開門準備送孩子上學，他想等他們先走，這樣就可以不必照面打招呼了。被我發現他此等行為，從此刻意選擇樓下鄰居出門的時間送孩子們上學，讓這內向的小子必須天天與對方照面打招呼；遇事要拜託鄰居或有食物分享時，也發派任務給這位害羞小哥出馬。秉持「卡內基訓練」的新習慣養成需要反覆練習二十一次的原則，經過無數次練習，他看到鄰居、長輩已會自然而然主動問好。我深知這個好習慣，將讓他終生受用。

別小看這打招呼的小動作，職場數十年，常與同樣擔任主管的管理者談起，對於有禮貌會主動微笑打招呼的年輕人，主管就是會留下較好與深刻的印象；反之，對於與主管迎面走來，不是低頭、要不就是能閃或躲的年輕人，主管年紀雖長，但該看到的，眼睛絕對雪亮。我認為，長大後的態度，跟小時候的教養有關。專業不夠的職場新人，進公司後可以培養，但是態度卻是很難訓練的。兩個兒子一路求學、任職，師長和主管總稱讚他們態度謙和有禮貌，數十年的嚴加管教算是有了小小成效。兒子們去國念書十餘年，一年最少全家聚首兩次，平常保持密切聯繫，生日與節日他們打來越洋電話、寄送手寫中文流利的卡片，過年時全家團圓，給長輩磕頭拜年，這些禮數在我們家已是悠久傳統。

回國後，兒子們入伍服役，兩人皆抽中操練甚鉅的戰鬥部隊。整整一年十二個月，換防南北數個基地，有的廁所糞便從溝中湧出、有的荒涼如廢墟、寢室牆壁透風。歷經冬春夏秋，北部寒風刺骨中站夜哨；南部烈日下，全副武裝架橋、綁流刺網，汗水如水龍頭關不住般從鋼盔中滾滾而下；三十八度高溫，還是戴防毒面具打靶（打完一個連中暑六員，隔天繼續操練）。有一次休假時兒子發燒全身虛弱，堅持不讓老母打電話請假，執意準時銷假回部隊報到，做媽媽的雖心有不捨，但也欣慰兒子真的長大了。在「合理的要求是訓練；不合理的要求是磨練」的軍隊訓練下，做母親的我覺得離開台灣求學十年，讓他們變得更穩重沉著、更成熟有彈性。有人視當兵如洪水猛獸，避之唯恐不及，我們家兩兒子與父母同心，特意選擇服兵役，而且心想事成，皆抽中戰鬥部隊。這一年的磨練，真是融入社會、投入職場最佳的暖身操。

堅強陪伴爸爸打好人生最後的一役

曾有一說：「與父親的相處關係，影響女兒的人生甚鉅。」戎馬一生的爸爸，在我從小的印象裡，總是穿著或橘紅或草綠的連身飛行裝，開著吉普車匆匆返家探視，稍作停留旋即離去。一生軍旅保家衛國的爸爸從不奉承阿諛、批評抱怨，當年台海情勢緊張之時，爸爸坐在烈日曝曬下沒有空調的狹窄戰鬥機機艙內，於跑道頭警戒，只為了於三分鐘內隨時起飛迎敵，飛行衣、頭盔、手套、靴子全副裝備，炎炎夏日高溫蒸騰，安全帶的金屬釦環貼在身上，熱到甚至能燙出水泡。雖無法天天見到爸爸，但每次短暫的陪伴，爸爸總是幽默豁達，從小到大，別說打罵，對我連句重話都從未說過。童年時總是來去匆匆的爸爸，給我最深刻的記憶是，體弱多病常發燒的我躺在床上昏睡，一雙清涼的大手，覆在滾燙的額頭上試著溫度，那股涼意透過額頭貫穿心底，比苦澀藥水拌藥粉的療效更優。

爸爸雖是革命軍人，但骨子裡情感豐富細膩，感動的故事、影片，常見他邊說（看）邊拭淚；喝了酒就滿口詩詞歌賦，喜歡吟詩作對。他最愛的酒詩之一是李白的〈月下獨酌〉：「天若不愛酒，酒星不在天。地若不愛酒，地應無酒泉。天地既愛酒，愛酒不愧天。已聞清比聖，復道濁如賢。賢聖既已飲，何必求神仙。三杯通大道，一斗合自然。但得酒中趣，勿為醒者傳。」爸爸酒後常說：「人生如夢，為歡幾何……我們今生父女一場，現在真的是吃一次飯……就少一次，要珍惜啊……。」年輕時聽了沒什麼感觸，怎奈歲月如梭，終於我的兒子們一天天長大成人，我也開始唏噓人生苦短，去日無多，今生母子一場，真的是吃一次飯，就少一次啊！

「數樹深紅出淺黃，人人解說悲秋事。」但若沒有人生親自體驗，再怎麼說也是為賦新詞強說愁！退休後剛滿一年之際，老父的健康狀況出了問題。八十八歲的爸爸身體一向硬朗，除了小感冒，一生從未生過任何大病，飛行員鐵打的身體，與三高及各種慢性疾病絕緣。爸爸抽了一輩子的Winston香煙，幾年前照X光，醫生驚訝的說你這肺部看著真不像老煙槍的樣子，問爸爸是做什麼行業的，後來醫師推斷，戰鬥機飛行時數達五千小時以上的老爸，因為長時間在座艙罩裡呼吸純氧，肺部常被淨化，因此有了這意外的效果。以上這讓我半信半疑的故事，是在病床前陪伴爸爸一整天，他津津有味吃著我買給他的雪糕，邊說給我聽的兩百個讓我又哭又笑的故事中的一個。

讓爸爸必須拄著拐杖，愈來愈寸步難行的惱人腿疼終於找到原因，在天主保佑下，我們全家陪伴爸爸勇敢接受治療。雖然知道這一天終會來臨，雖然知道人總有衰老的一天，但總愚昧覺得，只要自己不去想，這一天永遠不會到來。爸爸說他從年輕時起，不管任務再危險，每一次飛上天不知道能不能回來，他都將生命交給上帝，勇敢赴任。豁達的爸爸說他不怕死，早已看透生死，肉體是暫時的載具，靈魂永生。病榻上的爸爸，依舊樂觀幽默，他勇敢豁達的態度，給已邁入人生後半場的女兒上了最好的一課生死學。我將堅強地陪伴爸爸打好這人生最後的一役。

憂慮，只是白白浪費有限的生命

我一生求學、工作、交友、成家……按部就班，循序而進。邁入中年退休之後，想想人生大風大浪都已經過，品嚐過人間百味，看盡人間風景，此時夕陽餘暉無限好，就這樣安安穩穩地過下去吧！電影《阿甘正傳》裡有句名言：「人生就像一盒巧克力，你永遠不知道會拿到什麼樣的口味。」當我正慶幸日子就該如此平順地鋪展下去之時，我的糖盒子裡，口味讓我驚喜、驚奇又驚嚇的巧克力，就這麼一顆一顆又一顆的讓我摸出來。短短兩週之內，在通訊軟體上被從小勤管嚴教的兒子告知他結婚了，驚魂未甫之際，又得知一向硬朗的老父診斷出癌症末期，這隨機拿到的巧克力，讓我嚐盡人生酸甜苦辣鹹五味雜陳的滋味兒。

哀樂中年，確實苦樂半參，愈來愈相信，要能在人生不如意時寬心地走出來，長者的見識開導，就是最好的指引。曾有人訪問一千多位走過人生、學到教訓的長者，請他們回想及反省自己的人生時，他們最常說的是：「我該少花點時間擔心。」和「我後悔這麼擔心每一件事。」事實上，從晚年的制高點來看，如果有重來的機會，很多人都希望能取回他們耗費在煩惱未來的時間。憂慮，只是白白浪費你寶貴而有限的生命。

主耶穌基督帶領爸爸的一生，他常說：「愛是恆久忍耐、又有恩慈……只喜歡真理，凡事包容，凡事相信，凡事盼望，凡事忍耐。愛是永不止息。」就算在病榻上，爸爸依然從容鎮定，對生死樂觀淡然以對，疾病對他來說，只不過是出任務「再一次起飛」。老父都如此豁達，做子女的更應停止憂慮，懷著感恩的心陪著他快樂前進。至於孩子，長大了，就是父母放手放飛的時候，莫須有的掌控與擔憂，除了磨損親子感情，虛耗能量，完全一無是處。用祝福代替擔心，念力愈大，心想必定事成！

第二部

老伴之美

7 冰箱與西裝大戰之小鎮物語

照理說，冰箱應該是一個家中最「涼快」的地方，不過張家的冰箱，堪稱火藥庫啊，引爆的威力無窮。為冰箱幹架的戲碼年年上演，偏偏我倆都堅持扮演好「我買你嘮叨，你再嘮叨我就拿菜刀」的角色，樂此不疲地不放過彼此。

有一日當媒人婆忙碌了一整天，喝完喜酒進家門已十點多了，張郎突然想吃冰淇淋，冷凍庫一開，不對，竟然沒有冰凍的白煙裊裊，取出的冰淇淋也軟綿綿，大事不妙了，該不會是冰箱壞了吧？一陣不祥的感覺才升起，張郎接著開砲了！「就是妳一天到晚冰箱塞太滿，冰箱才會不冷、才會壞……。」累了一天的我加上酒意，實在無法開戰，隨他去吧！速速回房洗了澡，頭一沾枕三秒入眠，一夜無語。

早上起來到廚房一開冰箱，喝！冷凍庫幾乎全空，冷藏室裡的食物也被丟了一半！好吧，這次好像我理虧，就按捺著別發作吧！至黃昏開始準備做飯，打開廚房的櫥櫃，奇怪？之前排放整齊在架上的瓶瓶罐罐怎麼少了一半？裡面有食神阿嬌專為我做的豆腐乳、蔭豆醬鳳梨，還有年代久遠的老菜脯……。又一陣不祥的感覺！馬上大喊：「你昨晚是不是清完冰箱，連我櫥櫃裡的東西也給丟了？」一陣詭異的沉默後，書房傳來心虛但故作鎮定、讓我想掐死他的回音：「我打開櫥櫃看妳堆得那麼滿，應該都是過期食品，我就順手丟了幾罐！」我的老天爺，我的上帝啊，現在就算是您們倆老一起顯靈，我的怒火也無法不大爆發了啊！

猜猜看，結果如何？

結果一，我命張郎去把我的寶貝給我找回來，結果他在垃圾車翻找一下午，玻璃罐破的破、倒的倒，裡面的寶物全被其他垃圾汙染，千金換不回了！

結果二，他丟了我的寶貝，我當然也要丟掉他的寶貝，張郎損失一套由十三樓被我丟下去的 Boss 西裝！他還一直嘟囔：「奇怪！妳才甩下去十分鐘我就下去找，怎麼還是不見了？」這叫老天有眼！這叫做報應好嗎？

別急，冰箱惹出來的大戰還沒完。

高高的樹上掛西裝

舊冰箱確實在我的勤勞努力塞滿多年下壽終正寢，新入手的冰箱容量十分龐大，我歡喜上菜市場買西瓜、買仙草、買菜、買魚，正準備歡喜過節。ㄟ，看今天風清氣朗，艷陽高照，趕緊勤快地來換洗床單吧！洗好的床單，拿到陽台上風吹日曬，收起來的時候自有一股陽光的香味。就在曬床單的時候，無意往樓下張望，咦！綠化十分完善的社區中庭大樟樹上，怎麼會有一坨黑色的東西在樹梢上隨風搖曳啊？趕緊拿出望遠鏡仔細一望，天哪！該不會是那天被我盛怒之下從高樓甩下去的張郎西裝吧？趕緊呼叫這幾日如洩了氣皮球般的張郎，只見他如突然被灌滿了氫氣般，從沙發上一彈而起，奪門而出趕緊下樓。

有首歌曲唱道：「高高的樹上結檳榔……，」那天在淡水小鎮則是「高高的樹上掛西裝……。」一連串拯救張郎西裝的行動就此展開！感謝一切都是最好的安排，同棟鄰居、在淡江大學教授「宋代工業史」的美籍教授（美國人教中國宋代工業史，還真新鮮！）、一百九十五公分的兒子先後幫忙，還有幾位同為周杰倫淡江中學學弟妹的同學，正在一樓交誼廳裡晃晃悠悠，見我們二老在高聳的樟樹下發愁，也自告奮勇加入了救援行列。棍子不夠長、梯子不夠高、爬樹沒人會、以籃球投西裝連球也被樹搶走……。最後在眾志成城、合作無間之下，西裝與籃球都歡喜重歸主人的懷抱。

問張郎：「西裝失而復得，開心嗎？」

張郎：「開心！」

問：「下次還亂丟我東西嗎？」

張郎：「……。」

看來，下次西裝不能從樓上甩了！得直接剪掉袖子才是上策！

關於冰箱大戰，一年絕對不只上演一次。坦白說，我有點「食物匱乏恐懼症」，不把冰箱塞滿滿的就是沒安全感。我週週必上菜市場，看到喜歡的、新鮮的食材，就毫不手軟的購入。再加上家在城市邊陲，有些好料只有特定地方才有，難免需要囤積一些以備不時之需，如南門市場的湖州粽、豆沙粽、芝麻湯圓、火腿，東門市場的水餃、燒賣、特定烘培店的麵包等等，因此冰箱的冷凍庫永遠伸手不見五指，庫存滿滿。我常驕傲戲言，若是發生大地震，只要靠著我的冰箱，一家人可以自給自足活三個月。我的冰箱滿到什麼程度呢？有一回在誠品舉辦分享會，讀者問我冰箱庫存如何管理，如何決定每天煮什麼菜時，我回答：「打開冰箱門，掉出來什麼煮什麼！」

最可氣的還是，我在冰箱裡滿頭大汗翻箱倒櫃時，張郎每每在一旁大放風涼話，大聲批評我冰箱爆棚，找不到東西只是報應云云，渾然不知老婆即將理智斷線，他的大難即將臨頭。

為冰箱幹架的戲碼年年上演，偏偏我倆都堅持扮演好「我買你嘮叨，你再嘮叨我就拿菜刀」的角色，樂此不疲地不放過彼此。

長久，是因為懂得珍惜

俺爹雖身為戰鬥軍人，但閒暇時飽讀詩書，只要一喝了酒，就愛吟詩作對，做打油詩、說笑話娛樂我們。記得在我們婚前，爸爸曾講了這麼一個故事給我與張郎聽：

我有一對朋友，結婚三十幾年從沒吵過架。怎麼做到的呢？話說女方嫁進門的那天，狗對她吼，她平靜的說：「這是第一次！」過一會兒，狗又對她吼，她說：「這是第二次！」過一會兒狗對再她吼！她拿起菜刀把狗砍死了。先生對她吼：「妳神經病啊?!」女生平靜的看著她老公說：「這是第一次！」從此以後，他們就過上了幸福生活。

女兒當時我年紀輕，沒能聽出爸爸說這故事給我們聽的用心良苦，現在才落得甩西裝也沒人理的下場！

不久前，和淡水優質美味歐式料理「四樓小飯館」的老闆兼主廚 Jacky & Sasha 賢伉儷相約喝一杯，慶祝「廚師節」。這頓悠閒晚餐，吃了四個多小時，兩位太太殲滅一整瓶酒精二五％的日本燒酎「神之河」，男生們喝完啤酒再喝來自台東池上，精米釀製限量的六五％純米酒，醺醺然的豐盛晚餐，慢食慢喝慢聊，幸福感十足。

剛慶祝完結婚十一週年，還猶如新婚般如膠似漆的神仙眷屬，問我們這對結褵已過三十五年的老夫老妻，長久幸福婚姻的秘訣是什麼？其實長久是事實，至於幸不幸福，真的如人飲水，冷暖自知。東西用久了，都會舊會壞、會出毛病，一方面可能是自己使用不當，或是操作時不愛惜。但因為愛物惜情，舊東西捨不得丟，只要願意花點時間認真修補，珍惜使用，其實還可長久陪在身邊。

婚姻就像兩人跳 Swing

結婚前二十年，我們兩人忙工作、忙孩子，但不管日子再忙碌，只要能夠在一起，無論是送孩子上課、看醫生、做家事、賣場購物、洗車……只要我倆不鬥嘴時，總有講不完的話。甚至不知從何時起，我們每天沐浴與上床就寢的時間都一樣，如此特意安排成了習慣的作息時間，又多出了許多可以講話的時間。舉凡工作上的委屈、生活中的瑣事，甚至最近對彼此的不滿，從不隱忍，好像把一切都說出來給對方聽，包袱就輕了、快樂多了、委屈也少了。

孩子小的時候還在身邊時，一家四口吃飯，大家在餐桌上話多的總得搶著發言。孩子大了離家後，我倆外出用餐，總愛開瓶喜歡的酒，聊著最近遇見的人事物與心裡的感覺，曾有相熟的餐廳服務人員對我們說：「你們感情好好喔！很少看到年紀像你們這樣的夫妻每次來用餐，都有講不完的話耶！」聽到旁人對我們這樣的評語，當時還覺得奇怪，這不就是一般夫妻的日常嗎？後來確實在餐廳看過許多貌似夫妻的男女，可以一頓飯從頭到尾不講一句話，或是太太看書，先生滑手機，整餐飯相敬如冰、冷冷淡淡。

兩人剛交往時、還沒有孩子時，濃情蜜意，總有說不完的話，待激情過後，夫妻生活邁入穩定的一成不變，各自忙工作、買房子、生養孩子，雖日日生活在一個屋簷下，可以聊的話卻愈來愈少了。曾聽過同事說，因為忙孩子，夫妻一整個禮拜沒講過幾句話。我們有時雖齟齬不斷，但早已認定互相就是這個世界上最了解彼此的人，只要一個眼神、一個動作，就

知道對方心裡在想什麼，有時我突然講起一件事，他常會說怎麼這麼巧？我也在想這個啊！在此分享我的經驗，夫妻，就是要當彼此的好朋友，真正知心的朋友，可以有誤會、可以吵嘴，但堅定友誼一定是建立在長期經營的信任、了解與同甘共苦的革命道義之上，就算貧病富貴、生老病死，也是不離不棄。

其實，婚姻就像兩人跳Swing，隨著生命樂曲，你進我退，你推我拉，偶爾踩到腳也別在意，因為下次換我踩你。數不清有多少次，盛怒數了：「一、二、三」，人家還是無動於衷，西裝甩了還是得含淚煮飯。既然一起攜手走過生兒育女、工作生涯起落、家人生老病死等風風雨雨，所謂的革命道義情感，就是吵不散，罵不走，打不離，拆不散啊！

8 與天鬥與地鬥，不如與張郎好好鬥

我們這對冤家既然眾裡尋了來，報仇要及時，還債要趁早。我就拿余秋雨說過的一句話稍加改動：「你的過去既然我已參與，你的未來我一定奉陪到底。」送給張郎，我們今生務必一起好好修，功德圓滿，來生才能見面不相識啊！

摩羯座與月亮星座是處女的張郎，做事情重邏輯、有方法、講秩序，他總認為事情應該按照他設想的狀況進行，他自認永遠是站在真理與正義的一邊，對事情的判斷總是二分法、非黑即白，不是我對就是你錯，沒有中間灰色地帶。因著如此，他對每件事，每個人，甚至自己，都非常挑剔，有著很多批評與意見，是個典型難相處的完美主義者，這樣的個性，呈現在外在的面貌，就是沒有人情味、缺乏幽默感、偶爾言笑，也是讓人哭笑不得的句點王。對上我這個大開大闔、常大哭大笑的一盆火，我們夫妻之間相處總有許多淚中帶笑的衝突與笑中帶淚的日常，日日火花不斷！

傻傻走上人生不歸路！

張郎個性耿直率真，對人對事，都有他自己的堅持與獨到的看法，說他是正派不阿也好，講他是直到不會拐彎也行，年輕交朋友時就被他一路震撼教育，偏偏命中註定該要還的債怎樣也躲不過，再怎麼被嗆，最終還是嫁給了他。

記得我們的初次約會，芳華十八的我，是多麼清純與少不經事啊！兩人看完電影後，在火車站要各自回家時，他含情脈脈地看著我，我心中那小鹿亂撞啊！一會兒人家開口了：「那個……剛剛電影票錢三十塊妳還沒給我呢！」人生第一次約會的我呆住了！不知所措，一陣羞愧……就算阮囊羞澀，也得趕緊掏錢，還好有火車月票，否則真回不了家了。人家接過錢去，自顧自的又開口了：「看電影本來就要各自付錢，因為我們都沒賺錢，零用錢都是爸爸給的，我爸幹嘛請妳爸看電影呢？」這言論分析起來頭頭是道，但這做法合乎男女交往的常規嗎？

三十幾年前，因為我的第一份工作需要戴隱形眼鏡，張郎陪著我在眼鏡行配好硬式的隱形眼鏡，在店員的教導下學習試戴。全無經驗，眼睛又十分敏感的我，任憑服務人員怎麼教，我就是無法自行配戴，搞得眼淚鼻涕直流，又著急又狼狽，張郎不但不安慰我，還在一旁大聲說妳怎麼就不會呢？我還記得當時店員阿姨看著剛二十出頭被罵哭的我，生氣地對張郎說：「你這個哥哥怎麼這樣對妹妹？妹妹不會，要耐心教她啊！為什麼一直罵她？」好心的店員阿姨怎麼也想不到，這個沒有耐心罵人的男生竟然是我的男朋友啊！涉世未深傻傻的我，不是呆是什麼？一輩子的第一個男友，第一次約會，老實付錢陪人看電影，以後人家每次約，還認分照去不誤，去了還常被訓話，也不知道要頂嘴，就這樣傻傻走上了人生的不歸路！

好氣又好秀的日常鬥嘴

大家一定聽過一句話：「十年風水輪流轉」吧?!結婚後歷經職場磨練與生了孩子為母則強的我，自我意識日漸高漲，美其名是成熟與自信了，到了張郎嘴裡是：「長大學壞了！」以前他罵我，現在變成我K他。小女孩時被罵只能委屈閉嘴，十年後河東終於獅吼，張郎成天被我唸襪子為啥亂丟，幹嘛還不趕緊去倒垃圾，他常唸叨：「婚前無知造的業，婚後清醒慢慢還。」

婚後風水扭轉，吵架鬥嘴我反敗為勝常占上風，張郎每每敗倒在我炒菜鍋鏟下，以前耍老大欺負我的負能量，漸漸轉換為「一句話叫你吞不下也吐不出」的幹話與句點式說話方式，個性也愈來愈返老還童，有時天真的讓人想抓他撞牆。我與兒子們有個心照不宣的默契，關於我們大家認識之人的八卦，最好都不要讓他們的爹聽到，因為耿直如孩子的張郎，常在最讓人毫無防備的情況之下，將八卦分享給八卦的本人。

比如我們一直懷疑一位朋友的頭髮是假髮，但大家從不敢開口問她，一日大夥聚餐，我正忙著點菜，只聽見張郎開口了：「以妳的年紀來說，髮量如此豐盈真的好難得喔！妳都怎麼保養頭髮啊？」我的高跟鞋在餐桌下狠狠踩著張郎的腳，這個哪壺不開提哪壺的人吶！還有一對鄰居，夫妻感情極好，太太視力不佳，戴著厚厚鏡片的高度近視眼鏡，但常連迎面走來的人也看不清楚。某一天我們在公園晨運遇到這位太太迎面走來，她正與身邊的姐妹聊得開心，對我們的招手招呼完全視而不見，返家後在電梯遇見正要去接太太的先生，張郎對著他說：「剛剛才在公園遇見你太太耶！她眼睛怎麼這麼不好，連我們就在對面招手她都看不見?!」當時我手邊除了手帕身無長物，否則真的想一棒子打昏他啊！

張郎的鬥法新絕招

除此之外，張郎有意無意的話語，常讓我乍聽之下，開心的咧嘴笑，可是這嘴咧開笑著還沒閉上，後面接上的話可以馬上讓人破笑為涕（或是氣）。記得一回在看完某名人劈腿八卦新聞後，張郎語重心長地說：「我成名之後，絕不會忘了妳！」我聽了笑得嘴還沒合攏，張郎接著說：「……我絕不會忘了拋棄妳！」

細心拘謹總以自我為中心的張郎，在家中常我行我素，鮮少體貼考慮照顧他人，但他仔細規劃家中所有大小事宜，讓我沒有後顧之憂，可以在職場上好好發揮所長。以前有位命相家曾說：小張郎六歲、愛照顧他人的我，在婚姻中是「妻占母位」，總是處處貼心照顧他的生活起居，秋涼時添衣，天熱時煮酸梅湯為他消暑。

有一次冬天氣溫急降數十度，下午特意做了酒釀芝麻湯圓端給張郎時，我說：「皇上，您喝點甜湯吧！欸！如果我生在古時候的宮廷裡，以我這直來直往、有啥說啥的個性，大概活不到兩天就被陷害賜死了！」

張郎：「妳放心！不會的！」

心中正竊喜，想他大概是要誇我心性好、吉人天相、福星高照，不想……他又開口了：「因為妳在選妃時第一關就被刷掉了！根本進不了宮的！」伺候人還要忍受毒舌回報，我真是現代大玉兒啊！

還有一回，我們在林木蓊鬱圍繞的咖啡廳裡喝著咖啡，環境好、氣氛佳，一向不浪漫的張郎突然牽起我的手說：「妳真是上帝派來給我的天使！」我內心一股暖流，這麼多年照顧伺候這個人，終於有良心發現的一天了！正在感動時，他不疾不徐地又開口了：「天使者也，就是天天供我驅使！快去幫我倒杯水吧！」如此讓人聽了為之氣結，好氣又好笑的對話，我猜就是張郎與我鬥嘴屢屢敗北之後，衍生出來的新鬥法絕招吧?!

我們這對冤家既然眾裡尋了來，報仇要及時，還債要趁早。年輕時哪裡懂得命理大忌，夫妻差六歲牛羊配是大沖，婚前的演講比賽，婚後成了辯論大賽。一路跋山涉澗，行來顛簸。光影急如流，轉眼倏忽我倆都已白了頭。我就拿余秋雨說過的一句話稍加改動：「你的過去既然我已參與，你的未來我一定奉陪到底。」一送給張郎，我們今生務必一起好好修，功德圓滿，來生才能見面不相識啊！

9 我們這對夫妻

我是他的第一個女友，他是我的初戀，會是從此王子與公主幸福快樂久久嗎？有句話說：「男人來自火星，女人來自金星。」那麼屬羊的他與屬牛的我，光是生肖就屬婚配大沖，真可說是火星人與金星人星際大戰的男女主角了。

民國六十八年，我倆不約而同考進世新三專，後來張郎說，大學聯考重考好幾次的他，其實應該是可以上台大的，但就是為了命中註定要遇見我，所以才會考上「世新」，善意的謊言在某種層次上，還是有其功效的。專一時，校內舉辦英文演講比賽，當時彼此並不認識的我倆包辦了第一、二名，他第一，我第二。第一名的代表學校參加北區大專杯英文演講比賽，前三名再進入全國總決賽，張郎一路過關斬將，最後獲得全國總決賽的前十名。當年暑假，這十名優勝者，在教育部公費資助下，遠渡太平洋在美國北卡羅萊納州立大學度過豐盛美好的兩個月「英語密集訓練」暑假時光。

演講比賽，結緣的開始

飲恨第二的我，整個暑假悶在家裡，時時收到學校校內刊物《小世界》刊出張郎由美投稿回來的遊記：本週在華盛頓參觀博物館、下週在紐約遊哈德遜河、看自由女神，接著在「北卡」州立大學進修一個多月……看得我整個心情鬱悶又難受。隔年的英語演講比賽很快地又到來，我一馬當先報了名，去年的冠軍是無法參加的，所以我志在必得！教育部當時為提升大學生的英文應變能力，安排了「即席演講」項目，參賽者除了自選題，必須在上台前三分鐘抽題，隨即上台進行即席演講。初生之犢鄉下孩子的我，學習英文就靠土法煉鋼，天天在通勤上學的火車上背著被我撕成一頁頁的字典，黑膠唱片後面英文歌曲的歌詞，不會的就查清楚背下來，如此這般，照張郎後來的說法：「因為我沒參加了，冠軍當然是妳囉！」順利進入北區複賽後，當時的校長張凱元除了安排專門的英文老師輔導，還特別指定張郎擔任我的比賽指導。

我跟他除了在比賽場上握過手表達祝賀，根本毫無交集，現在要接受他的輔導，當然也就順理成章接受他的邀約去看電影（美其名是練習英文聽力）、去福樂冰淇淋吃冰（體驗美式文化），與圓山飯店喝咖啡（土包子開洋葷看外國人），後來我也順利通過北區複賽，進入全國總決賽，獲得前十名的優勝。但據說去年的美國行花費公帑過多，且有些學生在國外素行不良，當年的優勝者就改在國內培訓，我就這樣叫天天不應，叫地地不靈的被關在東吳大學一整個暑假，住在空蕩蕩的女生宿舍裡，一天上八堂英文聽說讀寫課。張郎那時天天在我下課後，帶點好吃好喝的來探望好似被關在監獄的我，同樣的優勝者，遭遇卻兩樣情，只能說：「萬般皆是命，半點不由人。」他因為演講比賽去了美國，後來還娶得賢妻如我；我因演講比賽，找到這位冤家，必須一生做牛做馬償還前世果報。

翹課約會被老爸抓包

廣電科有門必修的「攝影學」課程，張郎需要一位拍照對象交人像攝影作業，找了我當他的模特兒，約我去台北近郊一輩子沒去過的烏來外拍。當年芳華一十八，土裡土氣從鄉下來城裡念書的我，第一次交男友，還翹課被約出遊當模特兒，我那個緊張、那個忐忑啊，連自己擺了什麼姿勢、拍了什麼照片，全忘得光光……。只記得我的小手就是在那山間水涯，第一次被人給牽了。更驚嚇的還在後頭，真正應驗了歹路不可行啊！

四十年前風清氣朗的那一天，兩人第一次牽手，正陶醉又羞不答答地漫步在山間小徑，只見對面走來一群人，待愈走愈近，怎麼領頭的男人看著挺眼熟?!待再走近，我的乖乖隆地咚，真是韭菜炒大蔥了！那人竟然是俺爹爹，正領著隊上的同袍剛去完新店空軍烈士公墓，來到烏來散心啊！

女兒在該上課的日子，跑到郊外跟男同學手牽手，還出現在他領著的一群部屬面前，我已忘了爹爹當時的臉色與說了什麼，只知道既然交男友的事實曝了光，在那個年代，這位男同學我是非嫁給他不可了啦！拍照一事還有後話，當時的攝影指導老師是知名報導攝影前輩王信女士，後來看了交上來的作業，語意深長的看著張郎說：「相片中的人是你女朋友吧？」張郎問老師：「您怎麼知道？」老師說：「照片中有感情啊！」張郎當時自我感覺良好破表！哈哈！待日後年事漸長才明白，為什麼老師知道相片中人是女友，請問有人會帶自己姐姐、妹妹去外拍嗎？

火星人與金星人的大戰

我是他的第一個女友，他是我的初戀，如此的婚姻，會是從此王子與公主幸福快樂久久嗎？曾有一句話說：「男人來自火星，女人來自金星。」那麼屬羊的他與屬牛的我，光是生肖就屬婚配大沖的組合，真可說是火星人與金星人星際大戰的男女主角了。

他個性害羞文靜自我，人際關係疏離，做事處世交友保守謹慎、事事考慮周延。而我的個性，則包辦了他性格中所有的反義字：外向熱情、善體人意、愛照顧他人、衝動、隨興之所至。兩人的金錢觀念更是天差地別，他省吃儉用、愛惜金錢；我則毫無金錢觀念，鈔票在我皮包內很難過夜。如此致命組合的我倆，當初真不知為何會為彼此吸引。婚前覺得他滔滔不絕的理念分享，婚後變成逼瘋人讓我想拿菜刀的碎碎唸；婚前覺得他謹慎善做計畫好有安全感，婚後覺得他過於狹隘保守，為何不放寬心胸享受生活；我愛朋友、喜歡在家請客熱鬧，他愛安靜獨處、覺得交朋友讓他精神耗弱，常拜託我可不可消停休息一下，放他一馬。我們常因為芝麻綠豆大小的事誰也不讓誰，誰都不願少說一句，三天一小吵，五天一大鬧。

以前曾有同事不明狀況，誤上了我們的便車要順路一起回家，沒想到我倆在路上一言不合開始鬥起嘴來，你一言、我一語，愈吵愈大聲，只聽見一百九十公分的大個子壯漢同事怯生生地在後座小聲說：「薇姐、張大哥，我突然想到有東西沒買，可以現在下車嗎？」我們的唇槍舌戰，不熟的朋友如第一次見識，常嚇得坐立難安，幾十年的婚姻裡，在親戚朋友之間早已見怪不怪，因為大家都知道，我們這種光嘴上的逞強鬥狠，常吵完還沒十分鐘，轉頭就忘了，還問：「我要去倒水，你要喝嗎？」

忍耐也有積極意義

然而，真的讓人氣到心臟發疼，撂狠話要離婚的幹架，每年總會上演個幾場，其中冰箱常是事件主角之一。我喜歡把冰箱塞得滿滿的，所以張郎只要一看我買菜、提東西回家，或是開冰箱，就會開始魔音穿腦：「什麼……妳這樣就是在糟蹋糧食，因為冰箱裡有什麼，妳自己都搞不清楚！」「冰箱堆那麼滿，冷氣無法循環，冰箱會被妳搞壞知道嗎？」「我根本不會開冰箱，因為我什麼也找不到。」如果我不在家，基本上除了即食與熟食，其他一概不會動手的張郎是不會開冰箱的（因為他說反正什麼也找不到）。終於有一回在他開冰箱從滿滿的冷凍庫拿冰淇淋時，牽一髮、動全身，凍得如石頭般的一尾黃魚由上墜下，好巧不巧砸在他沒穿拖鞋的大拇趾上，當場皮開肉綻，血流如注，他老兄頓時腦羞成怒，卯起來將我的冷凍庫整個一掃而空，全數給丟光光。

待我下班回家，開冰箱準備燒晚飯，嚇得揉揉眼睛以為我走錯了人家，開錯了冰箱。當晚一場牛角對羊角的廝殺大戰於焉展開，記得為了這檔事兒，熱戰之後，還罕有的冷戰了一週，最後還是在我的強迫下，張郎心不甘情不願地道了歉。但因為對食物需求與價值觀的天差地別，日常還是勃谿不斷。

這種傷神的大戰，讓人暴怒後沮喪轉憂鬱，我常想，這夫妻一場，為何不能學會忍讓、相互退一步、多尊重對方？忍耐一下，可以避免多少無謂的爭吵與精神耗損及對身家性命的危害啊！對於忍耐的道理，我們往往認識不清，最普通的誤會，是以為忍耐的作用只是在「消災免禍」，或是「明哲保身」，而忽略了忍耐的積極意義，其實是在「任重而致遠」。忍是不願為了細小的挫折或枝節的橫逆，浪費自己的精神和體力，而要保留並儲備一切的力量，來擔負更大的責任，達成更遠大的目標。《馬太福音》說了：「唯有忍耐到底的，必然得救。」張郎就是參不透這箇中道理，如此隨性丟掉太太辛苦囤積、事實上是為了要照顧家人的珍貴食材，後果會如何？從未考慮過嗎？你的書桌常堆得跟資源回收廠沒兩樣，我有沒有亂丟亂清掃啊！

還有一回，張郎打開他的工具櫃，發現不知何時被我堆滿了自釀梅酒、醃豆腐乳、蔭冬瓜……神經瞬間斷線，對我大吼大叫！氣得我奪門而出。不用上班、買菜、遛狗……一時間我不知道該去哪裡，想到剛通車可以免費搭乘的輕軌，於是就搭車去了城裡，吃了以前上班時很難有時間慢慢享用的韓國泡菜鍋，最後買了羊毛被及被套回家。金牛連負氣離家的結尾都這麼顧家，讓我想起錢鍾書在《圍城》裡的一段話：「愛情多半是不成功的，要麼苦於終成眷屬的厭倦，要麼苦於未能終成眷屬的悲哀。」

找人算帳，不如先安頓自己的心

自從有一天開始接觸心靈成長與療癒的書，我才慢慢領悟身心靈界一則非常有名的寓言，就是如果你家失火了，你到底要先追來你家放火的人，還是要先滅火？標準答案是：滅火。也就是說，在你生氣、焦慮、憂鬱、痛苦時，與其找人算帳，不如先安頓自己的心。家裡如果有人惹你生氣，如果家裡近日烏煙瘴氣，別找人算帳，因為放火的人就是你自己，趕緊整理你的內心吧！

同理可證，如果你看誰不順眼、看誰討厭，那麼，你討厭的其實是他們身上你也具備的特質！還是那句老話：「覺知是療癒的開始，警覺是療癒的開端。」有病的人如果不承認自己有病，如何能被療癒呢？夫妻之間，哪有天大的齟齬無法釋懷？既然老天安排我們在一起，表面上是學習忍讓與包容，實則是帶髮在滾滾紅塵中修行，看對方不順眼，其實問題不在別人，是在自己啊！古人說一切反求諸己，就是要先從整理自己開始啊！我與張郎在多年前一起開始接觸賽斯書，才學習到原來夫妻伴侶，是激發我們最大靈性成長潛能的人，彼此對多年關係上的齟齬波折有了覺知，但是從覺察、改變到看什麼都順眼的和諧之路，實則漫漫也。夫妻攜手共修，彼此時時互相提點，這條修行之路走起來也是絕不孤獨、有滋有味的。

退休後的相處之道

退休前工作繁忙，日日早出晚歸，先我退休多年的張郎，也忙碌的熱中他的才藝學習，兩人除了晚上的短暫時間與週末，其實相處時間真的比朝夕相處的同事還短。以前就聽過好多女性朋友說：「真怕老公退休的日子到來，到時候真不知道該怎麼辦？」當時聽了覺得奇怪，你們又不是不認識，只是一個不上班回家了，有必要嚇成這樣嗎？退休前工作的日商公司，常有日籍主管退休後，返回日本與太太、家人團聚，沒多久就聽說離婚了，也有許多人是再度出來找工作，甚至專門鎖定外派海外的工作，再度單身赴任。

我退休之後的前幾個月，著實吃足了苦頭。感恩張郎，當時擔心我想不開，平時上課學習認真絕不缺課的他，連著幾個月向老師請假，時時陪在我身邊，帶著我山間海邊走走，咖啡廳坐坐、看場電影，吃頓美食喝喝小酒，心神精神慢慢回到正軌。

如今我們雖然日日不相離，但仍保有各自的生活圈：他每週固定幾天出門上課、忙著練習與排練。我則安排與好姐妹、好朋友歡聚。我的朋友基本上就是他的朋友，他若有空，把酒言歡的場合也欣然參加。我倆雖個性截然不同，但他的興趣我尊重，我的興趣他也樂觀其成，甚至參與同樂。我愛做菜，他愛攝影，他將我精心準備的菜餚，以極盡吹毛求疵的方式用相機記錄下來；出外遊玩，他就是最好的攝影師，我則負責寫遊記，照片與當時心情的書寫，就是我倆老去時最好的回憶。

平日我們喜歡帶著愛犬，在靜謐的淡水小鎮秘境，四處尋幽訪勝；也愛在喜歡的小館子裡來點適口美食，享受無拘無束的談話與彼此的相伴。有點黏又不會太黏的生活方式，讓我們保有各自興趣與空間，日日交談，分享不在一起時上課或與朋友間的趣事。此外，閱讀是我們自學生時一直延續至今的共同興趣，他愛心靈、社會科學的書，我喜歡看生活風格、飲食文化與文學小說，兩人的書在家中的書架上壁壘分明，井水不犯河水，有一陣子同時迷上賽斯書，常在艱澀的閱讀後分享心得。一天的忙碌結束後，每晚睡前，我們臥床定人手一書，或長或短的閱讀，夜涼如水，靜心無語，人生至樂也。

「百年修得同船渡，千年修來共枕眠。」沒有血緣的兩個人在一起建立了家庭、生養孩子，一輩子共同生活的時間，比跟有血緣的父母、子女還要長。唯有各自盡職的扮演好夫與妻的角色，培養共同興趣、尊重彼此差異，一起追求靈性成長，並且能坦承以對，開誠布公，有建設性的溝通，與你的配偶當最好的朋友。婚姻其實就像經營企業，關係良好的合夥人，業務一定是蒸蒸日上的。

第三部

生活之美

10 做一個漂亮女人，活出敞亮人生

美，不僅表現於漂亮的外表，更展現於對自我紀律的要求與生活細節的注意。運用獨到的審美觀，與對自己特質的了解，加上創意與巧思，不需花大錢，也可以光鮮亮麗、樹立個人風格！

退休後，短暫有過一段時間，我們由經紀人協助經營粉絲頁，其中一個單元是拍攝夫妻服裝穿搭，因此每隔一段時間，就有專業設計師來到家中，為我與張郎挑選當季夫妻搭配的衣飾。衣櫃是私密的個人空間，很少會公諸於外人面前。當我的衣櫃一被打開，人人掩嘴咋舌驚呼，竟然有人的衣櫃可以堆疊的如此之滿，又可以分門別類擺放的這麼井然有序。

櫃內四處散放的衣物薰香包清香四溢，上層衣架掛的與下面層層摺好的衣服，上下兩相密合，相接毫無縫隙。不適合吊掛的毛衣線衫，按照材質、色系與厚薄摺好，但因為堆疊得太高，要取出中間的任何一件，都是極大的考驗，硬抽必定拉壞纖維，只能耐心將上面的衣服一層層先捧出，才能拿取。經紀團隊對我的豐美衣櫃嘆為觀止，讚嘆一個平凡的上班族兼家庭主婦，怎麼會有這麼多琳瑯滿目、適合各種場合的衣飾？

自己就能成為獨一無二的名牌

我不喜追逐流行，只挑選適合自己體型、年齡與氣質的式樣。流行迷你裙，已時不我與，恕不奉陪；流行波西米亞風飄逸的長裙，別人穿起來搖曳生姿，上半身比較短的我，一穿上立馬讓人聯想到教堂正經的唱詩班團員。我心儀簡單俐落的剪裁與設計，單一而不繁複的花色，曾看過一個說法，女人身上的主色彩，最好不要超過三種。花枝招展雖美，但全身上下色彩斑斕，花色繁複的布料，雖很顯眼，容易讓人留下深刻印象，但我最愛色階深淺不一的各種灰，毛衣、圍巾、長褲、洋裝，單純的灰，與任何顏色都能和諧相處。無論上身多少次，只要搭配得宜，都能像第一次穿新衣一樣，讓人耳目一新。

我買過也用過名牌，但早已不迷信追逐名牌，猶在職場時常出國開會，經過免稅商店，總會認真振興一下經濟。但到後來兒子們相繼出國求學，昂貴的食宿與學費，以我們這種皆是上班族的家庭實在是筆龐大的支出，名牌月月年年推出新品，我既非豪門，也不是貴婦，當時就認定「以有涯隨無涯，殆矣！」一直以來，一個揹起來帥氣又實用的包包、一雙舒適好走又優雅的鞋子、一副造型特殊的耳環、手鐲，雖非名牌，都會吸引我的目光，獲得我的青睞。

脖子上一圈圈的土耳其石、玉石與養珠項鍊，是我赴北京出差時到極為熟稔的店家現挑珠粒，與老闆討論式樣後他們當場細工手穿。這些單串、雙串，甚或繁複多串的各色珠珠，獨一無二，常為我物美價廉的上衣、樣式簡單的洋裝增色加分；我也常配戴連鎖飾品店或網購而來數百元的各式耳環配件，搭上百看不膩黑色小洋裝，即可引來無數讚嘆。

常有朋友問我：「這麼美的手鐲、項鍊……應該很貴吧？在哪兒買的？」當朋友聽到：「……這項鍊人民幣一百元……耳環是網路買的一百五十元台幣。」她們驚訝得不可置信、以為我是在開玩笑的表情，就像張郎看到我穿十年舊衣，以為是新衣的表情，簡直如出一轍，這真是以前穿戴名牌所無法比擬的反差樂趣啊！用獨到的審美觀，與對自己特質的了解，運用創意與巧思，不需花大錢，也可以光鮮亮麗、樹立個人穿搭風格，我認為就是創立自我品牌，讓自己成為獨一無二的名牌！

再忙再累也要美

愛美如我，在職場時，上班壓力再大，我也堅持「再忙也要美」。

每晚就寢前，不管多疲累，一定花時間挑選隔天上班的衣服，仔細熨燙後掛好，要配戴的耳環飾品，也預先挑好擺放在化妝台上，隔天一早才不致手忙腳亂，這種習慣，維持了近四十年不輟。我曾看過一句話：「怯懦的時候，愛美可以壯膽；倒楣的時候，愛美可以轉運。愛美的女人，運氣都不會太差。」愛美本來就是一種偏執，因為希望一切盡善盡美，所以努力追求完美。轉換到工作上也是相同的道理，總希望在職場上追求完美的工作表現，也能與專業合宜的打扮一樣出色卓越。我會為了眼線沒畫好，整天覺得不對勁；或為了選搭衣服，在鏡子前反覆試衣，只為配出一套自己喜歡又適合場合的衣服。張郎常看我為了只是去餐廳吃頓晚餐，在鏡子前認真換穿打扮，不耐煩地說：「我們只是去快炒店吃飯耶！有必要這樣嗎？」把畫眉毛的心力用在完成工作上，只要一投入就化身拚命三郎，一不做二不休，一口氣就是要做到最好，相信愛美的女人都會懂。我除了想做一個漂亮女人，更使力活出美麗的敞亮人生。

創造屬於自己的風格，是我的穿衣哲學。從少女時期至今，除了懷孕，我的體重數十年來一直維持上下變化不超過五公斤。雖然愛吃又愛喝，但是常年維持每天早晨起床後，僅著內衣量體重的習慣，如果體重計顯示比昨天重了，表示今天飲食就要注意節制。經驗告訴我：重一公斤很好處理，但如果放任不管理體重，一公斤一公斤直線上升，溫水煮青蛙，增重愈多、減重之路愈艱難。身材維持不變，每件仔細照顧保養的衣服，自然都能輕鬆穿得進去，再加上不追逐風尚，只買不退流行的衣服，再舊都歷久彌新，所以衣服存量就與年齡成正比成長囉！

短褲配長筒襪的獨特風格

除了我愛美，我們家的張郎對穿著打扮也不馬虎。一天清晨，我與張郎帶著栗子一起到公園運動，遛完狗做舒緩拉筋操時，有位與張郎年齡相仿的大叔剛好也運動完畢，在一旁觀察多時，帶著非常友善的表情，走過來與我們聊天，他說曾經也養過好幾隻狗，因為失去狗寶貝的心情，讓人太不捨與難過，所以現在已不再養寵物了。聊著聊著，他突然問起張郎，大約半年前是否曾去過國泰醫院？張郎說：「去過啊！」當時我的父親因病住院，張郎的確去過幾次，這位先生說曾在那兒見過張郎，對他有型有款的外表印象深刻，所以今天遇上，才會鼓起勇氣攀談。

話說張郎對他自己上至髮型、鬍鬚，下至鞋襪，全身無一處馬虎隨便，處處都有自己的要求執著，他審美獨到，堅持走自己的時尚之路。這位先生有點不好意思的對我說：「我雖也記得妳，但妳先生的外表給人印象非常深刻！」顯然，我們家這位太陽是摩羯，月亮在處女的龜毛男，才是吸引他注意的重點。得意的張郎自誇：「這可不是我說的，是別人說了才算！」聽到有人稱讚自己先生「令人印象深刻」，我應該是與有榮焉才是，畢竟天天穿著短褲，搭配不同款式長筒及膝長襪的男人，在台灣應該不是數一也是數二，極為少見吧？

許多人對於張郎日常穿短褲配長筒襪的打扮，感到好奇與不解，尤其在炎熱潮濕的夏天，難道不覺得悶熱嗎？穿雙涼鞋或輕便之鞋，不是更舒服嗎？其實他開始真的不是刻意，也不是什麼時髦的穿著打扮，完全是無心插柳。每天清晨帶栗子到公園溜躂，小鎮公園綠地多，花圃、草叢與流水處，身形極小不易被發現的小黑蚊，常將經過的人叮得滿腿滿頭包，奇癢無比，實在非常困擾。張郎試了許多噴防蚊液、用手趕都無效，最後想到改穿長筒襪，才終於解決了這惱人的難題。

穿長統襪除了有效防止蚊蟲叮咬，張郎說還有一個意想不到的功效，就是遮醜與美化。防咬可以理解，遮醜呢？他說：男人活到中年，小腿如果缺乏運動鍛鍊，一般都是肌肉鬆弛、皮膚下垂、腿毛稀疏，夏天穿著短褲，露出下半截沒勁兒的大白光腿，大家想想那幅畫面，像不像拔光毛的肉雞腿？一雙設計別緻的長筒襪一穿上，立馬精神抖擻，整個人看起來俐落帥氣。素色與色彩繽紛的長襪，可以搭配各種顏色的短褲與鞋子，有型又有款。現在家中每次樓下管理員通知有包裹，我就知道是張郎上網在各國網購的花騷長襪又到貨了！龜毛摩羯男說：現在如果要他穿短褲不穿長筒襪出門，那就像女生出門忘了穿內衣一樣，他會尷尬到手足無措，連路都走不好的。

女為悅己而容

退休後，已極少逛街添購新衣，我曾戲稱，現有的衣服，從現在起每天兩小時換一件，可以穿到八十大壽，絕無重複。不用上班，不代表不需要再化妝打扮，每天就算清早出門運動、上市場買菜，我也要淡掃蛾眉、搽點口紅，仔細整理頭髮，換上合宜清爽的衣服，不為別的，只為女為悅己而容，因為我深信，神清氣爽氣色好、心情自然好，日子當然也會過得好。

我也認真開始清理衣櫃，展開斷捨離的神聖大業，在我衣櫃裡永無天

日，不會再被臨幸的舊愛，於別人卻將是可以重見天日的新歡，愛就是要捨得放手，為何不大方分享他人呢？上班時常穿著、保養得當的整櫃子套裝，皆在退休後的生活風格分享會上，全數送給到場的朋友，讓曾經陪伴我打過美好一役的戰袍，跟我一樣，退而不休，重獲新生，多麼美好啊！

《老學庵筆記》裡面有句：「三世為宦，方解穿衣吃飯。」是指當了三代的官，才懂得穿衣服和飲食的妙處。我家世平凡，沒人做官，無人為宦，更不是富人，但大半生的生活歷練，讓我知道從吃飯穿衣這樣的簡單的日常，其實可以看出一個人生活的品味。愛美就是愛自己，美，不僅表現於漂亮的外表，更展現於對自我紀律的要求與生活細節的注意。生得好，長得好，甚至嫁得好，其實都比不上漂漂亮亮活得好。

衣服的保養與收納秘訣

我的冬夏衣物分別存放於不同衣櫃，不裝箱也不真空密封，如此可以免去每年換季時衣服大搬家的重活。外套、襯衫依照厚薄、長短、顏色，領口向左排列掛好，衣櫃底層鋪著每年更換的國外進口香氛紙，容易變形的毛衣、針織上衣、T恤，依種類、厚薄、顏色不同分類，摺成大小一致的尺寸，層層整齊疊起，尋找起來方便容易。

正裝長褲反摺掛上衣架，休閒長褲對摺依材質（棉、燈芯絨、牛仔……）與休閒服同放。圍巾以厚薄、材質分類，捲成筒狀，整齊排列在專門的抽屜中。衣櫃與抽屜中，放入薰香香包，衣物可常保清新芳香。潮濕多雨的季節，常常注意將衣櫃、抽屜打開除濕。

我出外一向行止頗注意，避免衣物勾紗、抽絲、吃東西小心仔細避免沾染衣物，沾到定要馬上處理。任何東西常洗一定壞得快，衣服更是如此。除了日常居家、運動、採購或住家附近覓食等穿著的休閒服，衣物除非有嚴重汗水、油漬，我的衣物平常極少下水洗滌。上班時的職場服裝、訪友應酬餐聚的洋裝、針織上衣、細緻褲裝等，外出回家後的第一件事，就是脫下、在陽台上用軟刷刷去灰塵，再用衣架晾起來透氣，隔夜後收進衣櫃。吃喝東西不小心沾到，馬上拿出皮包裡隨身攜帶的去漬筆點在汙漬上，再沾水擦拭，回家後立即手洗，災情嚴重的則送乾洗。

我的經驗是，再輕柔的洗法，不論是套袋進洗衣機，或是手洗、衣服的材質、色澤、做工，都會因為水洗而變形、起毛甚或褪色。我的手工旗袍老師傅為我量身訂做旗袍時常說：「這塊織錦緞不耐洗，乾洗時一定要注意……這件旗袍我緄邊做寬一點，如果穿髒了，洗起來不容易變形……。」我都請老師傅放心，穿旗袍看地方與場合，容易流汗的機會，我不會捨得旗袍被汗水淋漓浸濕，絕不穿著赴會；穿旗袍吃飯時，湯水汁液、紅酒一定少碰，以免沾染，細緻的手工旗袍，我打定主意，非不得已，絕對不洗。

我仔細保養收納衣物，十幾年的舊衣常讓朋友們嘖嘖稱奇：「簡直跟新的一樣！」我喜歡在家庭聚會時，讓張郎與兒子們猜猜：媽媽身上這件衣服有多久歷史了？他們總猜是新的，但公布的答案，不是孩子們國中時買的，就是我們某一年去度假時入手，如此答案常讓張郎半信又半疑，我則樂不可支，因為這位先生對自己太太的穿著，從沒什麼深刻印象，穿舊衣時他說怎麼又買新衣？所以真的穿新衣時，我也搪塞說是十幾年的舊衣。我認為管他新衣、舊衣，只要穿起來美美，就是好衣。細心照顧的衣物，狀態良好，自然捨不得丟棄，多年來衣服只進不出，當然愈來愈多。

11 旗袍與我

身為張迷與旗袍迷，我有一件白色滾黑寬邊、七分寬袖的旗袍上衣，就是仿張愛玲的一張老照片。我愛旗袍，收藏近百件，任何場合都能找出適合的旗袍裝扮，這份愛，不僅是真心體會旗袍之美，更蘊含著對母親的永遠思念。

從小，我就對中式的服裝就有種說不出的喜愛，奶奶親手為我縫製的花布棉襖、手納的厚底棉鞋，伴我度過童年淒冷的冬日，給我溫暖的記憶。待出社會自己有能力治裝後，從沅陵街挑選棉襖、中式夾襖背心，乃至北京、上海、香港旅行出差時，必定抓住空檔採買現成的唐裝或選料子，訂做一天之內可完成的速成旗袍。每次穿上，旁人總說特別適合我，我也自我感覺十分良好。

年輕時有一次算命，命相師會看前世今生，他說我前世曾是「宮中之人」。雖然張郎總笑我肯定是御膳房裡的御廚，但我總想，如此鍾情於旗袍的我，血液中又有來自母親的旗人血統，前世肯定是個梳旗髻穿著旗裝的格格。幾本保存良好的老照片，翻開來看，裡面有我芳華早逝，鑲黃旗血統母親的美麗倩影。婀娜的身軀，穿著剪裁合宜的旗袍，有的是花樣清麗的棉布質料，腳穿繡花鞋站在竹籬笆前，舒適平實而居家；有的是織錦緞面，閃爍著華麗的色澤，配上齊耳捲髮，戴著風姿綽約金步搖耳環，艷光四射參加空軍基地的聖誕舞會。

意外結識旗袍老師傅

萬能的臉書，讓我結識了一位新潮時髦、品味極佳的朋友，臉書上常看她穿著裁剪合身、風姿綽約的旗袍，感謝她的大心引薦，讓我結識了一位高齡七十，為她做了多年旗袍，如今早已退休的老師傅。祖籍浙江的旗袍師傅八歲來到台灣，十五歲就跟著師傅學裁縫，早年一同習藝的師兄弟十幾二十位，他排行老五，最後出師的只有寥寥數人。年輕時在西門町萬國戲院對面的旗袍店工作，後來歷經信義路「東南旗袍」、博愛路「華美旗袍」與中山北路「漢唐旗袍」等，都是頗有規模的禮服店。退休後含飴弄孫的老師傅，早已金盆洗手，不再接新客人，只偶爾因為興趣，為老客人做個幾件打發時間。

他說：「以前人都穿旗袍，上班時穿的衣料較粗糙，經得起水洗；達官貴婦們的料子精緻講究，來店裡一做就是好幾件，帳單都是幾個月才結一次。」當年生意好到根本來不及縫製，師傅們工作時間極長，從一早做到夜裡十一、二點是常有的事。當年中國小姐李秀英、國聯五鳳的江青，甄珍母女，冉肖玲、鄭佩佩、主演「養鴨人家」的唐寶雲、張美瑤、甄妮等明星，還有外交官夫人與官太太的旗袍，許多都出自師傅們巧手，旗袍上的繡花、綉珠片與緄邊，各種慢工細活，都是他與師兄弟們一針一線完成。

旗袍學問是乾坤

老師傅說旗袍分上海派與福州派，兩派有所差異。上海派主要做給官太太跟貴婦穿，打樣時襯裡與外布必須分開裁剪，衣服的內裡說句行話是「做光的」，也就是線頭、車邊等雜邊，在旗袍內裡收得乾乾淨淨，連以後收放的布料都預留縫分，內裡翻開整個光滑乾淨無瑕，而且注重身形變化，依照四季更迭、場合不同，選用時新布料縫製。福州派則是貼近庶民的日常穿著，注重的是耐穿、適穿，內裡毛雜雜的收邊不甚仔細。

自從遇上這位讓我終於可以穿著旗袍娉婷生姿、一圓清宮美夢的貴人，我整個人好似朽木逢春般，紅紅火火歡快地訂製起旗袍來。當時猶在職場，只要週末一得空，立馬奔布市踩點選購布料，出差旅行至北京等各處，也一定四處尋訪綢緞莊，買回花色各異的雪紡、蕾絲、織錦緞、真絲料子。老師傅總周到地利用我公餘午休、下班時分，來到辦公室與我討論訂製式樣。一件旗袍從量身、兩三次打樣、試穿、修改，師傅起碼要跑三至四次以上才算完工。

一件合身的旗袍，身上有二十五個尺寸要仔細丈量，光一個腰部就要測量上腰、小腰、中腰與下腰，還有前腰長、後腰長、左肩腰與後肩腰……。師傅說，一件道地的手工旗袍，除了百分之八十由一針一線細緻的手工完成，裁剪時布料的對花、旗袍的設計也是重點。旗袍領子愈高愈顯精神，但也要看個人項頸的長短胖瘦。最可看出裁剪功夫的包袖，完美的袖子弧度與肩膀的角度無縫接軌，可讓女性肩頭渾圓的性感表現無遺；胸前的襟更是重點：直襟爽朗，適合青春少女，小圓襟端莊可人，適合少婦；大圓襟雍容貴氣，適合年紀稍長的女性，弧度像瓷花瓶的琵琶襟，活潑大器，考驗師傅的裁剪功夫。

手工極品，愛不釋手

一向篤信「數大就是美」的我當然要一一嘗新，央著師傅為我將袖子、襟領式樣一網打盡。至於全手工的旗袍扣子，直扣（又名一字扣）簡單大方最是百搭。手工繁複的花扣，是用稱為「袢條」的摺疊縫紉布料內襯金屬絲細條編織而成，花樣款式繁多，舉凡梅蘭竹菊、龍、鳳、蝴蝶、蜻蜓、壽字等，據師傅說，北台灣目前只有兩位垂垂老矣八十歲的老師傅會做花扣。布製扣子上的扣珠，除了原布緄珠，更常搭配旗袍布料，選用我收集多年的玉石，或乾脆解開一條珍珠項鍊，用牙白的珍珠、翠玉石、貓眼石等產自大自然的材料，搭配精緻的扣子做工，更顯貴氣。我的旗袍選好花扣式樣，老師傅還要等花扣師傅手工完成，親自去取件後再仔細縫上。而最能顯現精緻手工與貴氣的緄邊（還分單緄、雙緄）與坎線，更是隨旗袍式樣，跟師傅仔細討論後，展現在不同的旗袍、上衣式樣上。

穿著旗袍是嚴格監控體重的良方之一，只要稍放縱飲食，體重增加不到一公斤，老師傅量身時馬上知曉，問妳是否這一件尺寸就放鬆一點？一邊多個半寸不打緊的！但是，與溫水煮青蛙同理，羅馬就是在不知不覺的放縱間建成的，這幾年就是想著衣櫃裡成打的寶物，如果身材變型穿不下，損失實在重大，因此養成每日起床，只穿著內衣量體重的習慣。如果增重了，當天就克制少吃一點；瘦了，就繼續保持維持。若不想穿上曲線畢露的合身旗袍，變成毫無美感、嚇人的蟒蛇吞蛋身型，就必須如此注意維持身材。事實上，身材豐潤的女士也可美麗的穿上旗袍，改良式的做法寬鬆由人，我就有好幾件寬版傘型的旗袍上身，穿起來寬鬆透氣，舒適又不失美感，下面搭著牛仔褲，更顯輕鬆自在。

秉持「吾生也有涯，而旗袍也無涯。以有涯隨無涯，千萬不可殆已！」的精神，結識老師傅至今近三年，我的手工訂製旗袍、上衣短衫、棉襖數量已近百，辛苦存下的私房錢大半投入終不悔，還與老師傅結為可以開心聊天的好友。每次約見面選料子做旗袍，我送師傅自己手作的家常小菜、豆腐乳等，師傅贈我師母家傳親製的家鄉紅麴等好物。師傅每次見面都說：「張小姐，先緩緩吧！您做了這麼多旗袍，應該都還沒穿吧？等都穿了再做吧！」連師傅都拜託我消停，但我一則珍惜寶貴的時光，擔心師傅眼力日衰，無法太累，深怕有一日他決定收山，這手藝不就此失傳?!二則我對這迷人的中式手工極品，真是愛不釋手，只想不停的探索擁有。

穿上旗袍，整個人就是不一樣

每次有場合，一穿出一件閃亮亮的新旗袍，張郎總氣結的說：「喝！怎麼又來一件新的？妳到底做了多少旗袍啊！」每見他嘆氣，我就開心。但當他舉起相機為我留下穿著旗袍的影像，看著照片的張郎總喃喃自語：「這旗袍還真是美啊！瞧瞧這料子，再看看這細緻的手工，平常看妳嗓門大、氣兒粗，動作麻利，一穿上旗袍，怎麼就整個變了一個人？變得雍容端麗、婉約大器啊?!」原來一旦穿上了旗袍，緊緻合度的腰身讓人自然挺胸縮腹，硬挺的領子，不能低頭凸頸，窄度合宜的下擺，走路步子不能過大，儀態在不知不覺中，受到了有效的糾正與約束。

熱烈投入訂製旗袍時，完全沒想過要在什麼場合穿著，待一件件或素雅或華麗的旗袍完工，我發現舉凡朋友聚餐、下午茶、參加婚禮喜宴、為長輩慶生、家族聚會，甚或粉絲頁活動發表會、接受電台等媒體專訪等，只要穿上旗袍，戴上速配的耳環，就是一身莊重典雅，俐落大方的打扮，不必再為了上身穿好，要搭什麼下身而費心。我曾穿著旗袍舉辦臉友見面會，生活風格分享會也身著旗袍在廚藝教室教做菜，在爐火前炒菜直播。穿著旗袍下廚，讓我分外自在開心，覺得自己像電視上的教學廚神傅培梅女士，也像四、五十年前的媽媽，整個優雅與幹練兼備啊！

張愛玲曾說過：「衣服是一種言語……我們各人住在各人的衣服裡。」愛旗袍成癡的她，一輩子對於旗袍鍾情。身為張迷與旗袍迷，我有一件白色滾黑寬邊、七分寬袖的旗袍上衣，就是仿張愛玲的一張老照片，

只見她雙手叉腰，昂頭、眉眼和唇角都極力上揚，含着笑意，雖非十全十美的相貌，却見傾城之姿。旗袍精準的細節，絕美的線條，是多年學徒熬成技藝一流師傅，手藝精湛的展現，穿上這最能展現東方女人端莊含蓄之美的藝術品，一舉手一投足，款款風情，我這對旗袍的癡迷，應該會繼續綿延至地久天長。

12 飲酒之樂

從小，酒於我，就是輕鬆歡愉的代名詞，我對它心嚮往之。成人後，從不諱言自己好酒，不論獨酌、兩人對飲或與朋友歡聚暢飲，享受飲酒之樂是我人生重要的樂趣泉源。

愛喝酒的基因與緣起，應該源自於父親。爸爸一生戎馬，大半人生都在軍中服勤，在跑道頭警戒待命，或升空翱翔天際，保家衛國護衛台海安全。童年時看到爸爸的機會不多，他總是穿著橘紅色或草綠色的連身飛行衣，開著吉普車回家裡匆匆探視，再一陣風也似的回部隊。曾有心理學家指出，母親影響女兒的是生活層面，而父親對女兒的性格與氣質有至關重要的影響，很多女兒，會把爸爸當偶像，我也不例外。

印象深刻的是，爸爸吃飯時，總是自得其樂喝著高粱或威士忌等烈酒，喝到有感覺時，就開始說講過十幾遍的笑話，開心唸著自創打油詩或吟詩做對，所以我很小的時候，就對李白的〈月下獨酌〉熟悉到可以琅琅上口。爸爸的酒量好，更好的是，他的酒品極佳，酒從不多喝，喝到盡興即適可而止，我從未看過父親因為喝醉而胡言亂語或是失態。從小，酒於我就是輕鬆歡愉的代名詞，我對它心嚮往之。

我是自己最好的酒友

成年後，我也成了好酒之人，常打趣說：「好菜必須配好酒，吃飯不喝酒，好比餵了狗。」我熱衷在家下廚，洗切快炒慢燉，瓢揚鏟落，備置幾樣興起愛吃的下酒菜，盛放在我精心挑選心儀的碗盤裡，放上喜歡的音樂，我對獨酌情有獨鍾，李白月下獨飲，舉杯邀明月，與杯中倒影、月亮成三人，這種樂趣我最懂。自己一人喝酒，不需要費神講話，花力氣與人對應，想喝就舉杯，想吃就夾菜，想想心事、翻翻愛看的書，甚或欣賞喜歡的影集，我可以一心數用，好整以暇緩食慢飲，續航力更甚與人熱鬧作樂飲酒。我常說，我真是自己最好的酒友，知道自己愛吃什麼下酒菜又會做菜，一人喝起來自得其樂，愉悅好比天人合一。在家裡安心喝得醺醺然的感覺，是怎麼也難以描述於萬一的人生至樂。

與張郎對飲也十分有意思。一人獨飲有獨自陶然的樂趣，兩人以上喝酒更重在酒後的掏心之言。內向寡言的張郎喝了酒，話閘子一開，說話搶不贏他。我們數十年的婚姻一路走來，雖有風也有雨，但一直有聊不完的話題與相輔相成的興趣，酒就是其中之一。記得四十年前與張郎剛交往時，他是滴酒不沾的。爸爸說：「此人不抽煙、不喝酒，簡直白活在人間，男人不喝酒，枉在世上走！他一定有什麼我們不知道的不良嗜好，不宜交往！」從此開啟了張郎的喝酒之門。準岳父提供的鐵血訓練，二話不說就是由高粱入門，遺傳的基因此時展現強大的力量，公婆都是酒量極好之人，以前只要婆婆做了好菜，公公必定拿出珍藏的酒杯：「今晚媽媽做了好菜！我們大家哈酒唄！」宅男張郎待字閨中時，一直自命清高，拒絕與酒為伍，這處女地後來一經開發不得了，竟然一杯兩杯漱漱口，三杯四杯不算酒，學習進度超前，我倆才能順利結為連理。以上的往事，雖然有些好笑，但張郎確實從此成為善飲但不如我那麼愛飲之人，除了在家對飲，我倆常仔細打扮，尋一心儀小館，共度美好一晚。

孩子酒後的掏心話

兒子們從小看我們陪姥爺、爺爺、奶奶喝酒，老人家喝酒怡情酌量，總是在略有酒意時，給我們講古、說故事，述說我們小輩不知道的家族秘辛，聽著老人家興致高昂聊年輕時的種種，有時言至情深處，眼泛淚光，我盼望兒子們長大後，有一天他們也可以像我們陪父母喝酒一樣，彼此無話不談，共飲同歡，沒想到現在我的夢想真的成真了，基因這玩意兒還真奧妙，兒子們都酒量極佳、酒後品行端正，是我們的最佳酒友。

猶在職場時，週日晚到週四，除了公務應酬，隔天若要上班，我前一晚絕對滴酒不沾，以免影響工作，這以身作則的身教，兩個兒子出社會後也遵照奉行。假日跟孩子們吃飯喝酒，成為我們家庭聚會的主要活動之一。我最喜歡在外獨立生活的孩子們假日回家來，我會預先在通訊群組上請他們告訴我，想吃媽媽做的什麼家常菜，花上幾天時間興致勃勃地擬菜單與採購，家中的花草也仔細布置起來，除了市場買回的切花、蘭花，陽台上仔細照顧的花樹，趁孩子們回家，搬進室內增添綠意。一家人圍桌而做，媽媽端上一道道他們從小愛吃的菜餚，燭光搖曳，菜香四溢，酒兒一杯杯地喝，話兒慢慢地說。

爸爸常說：「酒，是感情的催化劑，是靈魂的鑰匙。」人生幾何，好似才不久以前，我還雙手叉腰，舞著木尺，揮汗逼問幼小的孩子，為何老師在你的聯絡簿上寫了一堆紅字？現在看著長成堂堂男子漢的帥兒子坐在身旁，那種滿足與快樂，是無法言喻的。聽著孩子們說著工作上的種種，我們趁著酒意尚淺，充當寶刀未老的職場導師，酒意漸濃，兒子有感而發地說：「媽，妳常跟我們說奶奶以前跟妳講的一些話，年輕時聽起來不以為意，到現在都一一應驗了！真的一定要聽老人言啊！我現在也有這種感覺耶！以前妳跟我們講好多道理，現在都變成真的了，像是妳說：『要好好珍惜念書的時候，因為那是最無憂無慮的時光，一旦上班了，多了責任、少了自由，老闆們不會像老師一樣，一次次給你們機會。靠實力的職場，十分競爭，是極其殘酷的……。』我現在終於知道了……。」老人言，一代傳一代，以前有心無心對孩子們做的教育感召，他們酒後感觸良多地提起，生命的意義，在創造宇宙繼起之生命，是多麼美好啊！

酒後的最佳後援

我與張郎的角色，與一般夫愛喝妻勸阻的刻板印象是兩相逕庭的，喝酒總適可而止，自制力強的摩羯男，面對喝了酒就撒歡無底的我，常在一旁耳提面命地說：「可以了……少喝點！」從以前職場時應酬、到退休後與姐妹好友歡聚，我出門前他一定叮囑：「我不在身邊，酒少喝點，注意安全啊！」他常說：「我看妳從捷運站走出來的樣子，就可以判斷妳今晚喝到幾分！」照顧喝多了、失去行為能力的老婆，張郎可是經驗豐富，幫我洗澡、洗頭、吹乾頭髮……到第二天板著臉叨念一整天，我有時隔天酒醒後，發現身上這疼那痛，常深刻懷疑是他藉機趁我喝多，挾怨報復。他有時會無奈的說：「女人酒喝多了，一點也不美麗更不浪漫，昨日荒唐我不想提，只盼妳從此節制喝酒。」張郎除了是我的常備酒友，更是酒後的最佳後援。

我常在喝多後被訓導主任再三告誡，心生悔意，在家閉門思過數日，常想再有人約也不去了，就算去了也不喝了。但，誰叫我有好些個不同群組的好朋友、拜把姐妹與過從甚密的酒友呢？大家輪流邀約聚會，常想歇一陣子不喝了，但心裡又盼望不知誰又會來約？如果沒有人約，乾脆我自己主動來約！常常從不去不喝了，變成去了又喝了，晃悠回家又挨罵，伴著罵聲睡著，早上起來後悔了，晚上有酒又去了的循環。

我愛交朋友，愛交跟我一樣喜歡喝酒、酒品良好的朋友，「酒逢知己飲，詩向會人吟。」知心好友相聚，五人六酒，暢飲歡談，飲酒半酣正好，花開半時偏妍，半桌好菜將好，舉觴半醉猶佳，遇酒且呵呵，人生能幾何。我常想，人活這輩子，人味酒味，不就圖個有滋有味嘛！我以酒自娛、凝聚家人向心力，以酒會友，其樂無窮啊！

13 幸福的老派過年之美

為了迎接舊曆年的到來，準備過年的工作計畫，約從年前一個月就展開，電腦與手機上的日程工作計畫表上註明：打掃、清理、採購、訂花、買菜、準備食材與菜色的時間，週週日日照表操課直到除夕年夜飯上桌為止。

初認識我的人，看外表總覺得我喜歡打扮、個性外向、行事幹練有效率，一定思想時髦又西式，但唯有交往過的朋友，才會了解其實我思想傳統保守，尤其對於孩子教養、家庭觀念、年節慶祝等傳統，有著極為固執的堅持。

不知道是因為原生家庭成長的背景、還是寂寞孤單的童年，我執著的喜歡過生日、喜歡過年過節的氣氛，喜歡全家人聚在一起的團圓歡樂與熱鬧。就算在忙碌高壓的職場，工作再忙碌，下班再疲憊，元宵節就是要找空檔奔排隊湯圓名店，晚上回家為家人煮一碗熱騰騰的酒釀湯圓；不管孩子們早已長大成人，出社會獨立生活，端午節前一定為他們準備好虎頭檀香香包，清早去市場買回艾葉菖蒲插在門口，正午闔家共聚，吃頓粽葉飄香的團圓飯。中秋節更要盛大辦理，也不管家中男人都不愛吃月餅，也要備齊南方廣式、蘇式、北方提漿、台式酥皮月餅，豐盛地月圓人團圓。那麼不用多說，碰到「百節年為首」的春節過年，自然期待又興奮，可以足足忙碌準備近一個月，一切就為了那笙歌不墜、花團錦簇、滿桌佳餚，豐衣足食，與家人及親朋好友共聚的過年氣氛。

《至味在人間》的作者，也是《舌尖上的中國》總導演陳曉卿是走逛大江南北、嚐遍五湖四海好味道的老饕，曾有人要他推薦「味道好」的年夜飯去處，陳曉卿認真的回答永遠是：「家裡……濃濃的暖意中，一家人就像回到了從前，老爸在廚房和餐桌之間做折返跑，我媽在一二三四的數著盤子碗的數量……及至全體坐下，父母笑盈盈地看著大家，在他們眼裡，我們還是沒出家門的孩子……。」讀到這段話，我真是如遇知音般拍著大腿直叫好啊！

再忙再累也要過個好年

「爾愛其羊，我愛其禮」，愛熱鬧、愛過年過節，更愛那與年節連結的悠遠傳統的我，為了迎接舊曆年的到來，準備過年的工作計畫，約從年前一個月就要展開，電腦與手機上的日程工作計畫表上註明：打掃、清理、採購、訂花、買菜、準備食材與菜色的時間，週週日日照表操課直到除夕年夜飯上桌為止。退休之前，年底其實是辦公室一年最忙碌的時光，滿滿排山倒海而來的工作，不管人、事、物，件件讓人傷神煩心，天天回到家都身心俱疲，無心家事。但因為有著「再忙再累也要過個好年」的堅強信念支撐著，如同吊根胡蘿蔔般引誘兔子往前跑，我就是有辦法擠出時間，一件件完成過年計畫清單。

人再少，也要將家中上下裡外打掃乾淨、掛起喜氣的春聯、放上象徵吉祥富貴的蘭花，灶熱鍋香，布置一桌熱騰騰的菜餚與家人團聚。畢生有兩種餐廳不想去：一是撐壞了沒人賠的吃到飽，二是有用餐時間限制的餐廳，好菜好酒就是要用心慢慢享用，慢慢聊天，限制一個半小時或二小時真是太煞風景了。因此，家中的年夜飯從來不會去外面餐廳人擠人圍爐，就是要一家人團圓在溫暖的家裡，聽著窗外此起彼落鞭炮聲，從黃昏開始圍桌，慢吃慢喝直到夜深。

老派過年家中不只要有好吃的，更要有好看的，誰叫我深信只要窗明几淨，百花齊放，暗香浮動，來年必定萬象徵祥，吉星高照呢。話說不就過個年嘛！有必要搞成這樣人仰馬翻？為了這「過年家中要有花，來年才能發發發」，可苦了司機張郎，他得一趟趟開車載著我在年前採購的一級戰區殺進殺出。每次距離除夕已進入倒數計日的花市周邊，非假日也車潮洶湧，平時少聞的喇叭聲此起彼落，待二老好不容易殺進花市停好車，一泡尿差點沒憋死人。

最鍾愛的「台灣阿嬤」

我通常會將在家中先選好的花器，提前送至相熟的蘭花店，選好蘭花及數字吉祥的棵數，請老闆盆插安排妥當，待除夕前幾日再來取回。所有的蘭花中，我最鍾愛的是潔白無瑕，花型清麗優雅的蘭花品種，有個土氣得可愛的名字叫「台灣阿嬤」（Amabilis），她曾經在國際花展上獨獲英國女王駐足久久垂問的青睞。「台灣阿嬤」是土生土長台灣原生種，原產自台東、蘭嶼的山區岩壁，命名的由來是取品種名 Amabilis 的前兩個音節 Ama 諧音而來，也藉其名隱喻生長在四、五〇年代的台灣阿嬤們堅毅、純潔的精神。我就是吃苦當吃補、勤勞堅貞的歐巴桑，難怪會如此衷愛啊！

每年春節因氣候花況不同，四處走走比價，觀察應景的菊花、玫瑰、銀柳、百合等貨源狀況，且走且看，且看且買，不知不覺手上的花已沉重到雙手無法環抱，旁邊的張郎臉也臭到可以直接醃臭豆腐了。有時停不到車位，張郎只能在車上等待，當終於結束採買，心滿意足由店家拖著堆滿蘭花、切花的拖車，母儀天下般款款走向等待多時的張郎時，他瞠目結舌、頭髮快要冒煙的表情，總讓我有一股難以形容的滿足快感。

象徵百年好合的百合花，是過年家中必備的花種，但買百合的時間點還真難拿捏！早買價格便宜，但有尚未過年，花已全開了的風險；愈近過年花價飆漲，且有除夕都過了，花朵還緊緊含苞不放的可能。因此我多年的策略是向相熟的店家預先訂購，除夕前三天赴花市取貨，回家後插在桶裡，擱在氣溫較低的陽台上過夜，以免被室內和煦的暖氣提早催開，直到除夕前一天才將含苞欲放的百合移入室內擺設妥當。根據經驗，如此的折騰，每年除夕吃年夜飯時，潔白的香水百合剛好款款綻放，襲人的幽香與餐桌上的飯菜香氣，交織成一片民康物阜、歌舞昇平的幸福光景，一切的辛苦就因為此刻的美好值得了。

年前吃苦，換來美好過年

除夕前的小年夜，廚房牆上的電視新聞強強滾地播報著返鄉人潮與塞車路況，廚房一地堆滿了塞不進冰箱的蘿蔔、白菜與耐放蔬果，三口爐上爐火齊發，栗子在腳邊繞進繞出，看看可不可以等到檯面上不小心掉下來的肉片讓他嚐嚐，圍著圍裙的我埋首切菜、燉煮，一刻不消停。我們除夕前晚的晚餐，往往是一碗胡搭亂湊的麵條，加一顆心急煮破了的荷包蛋及一碟清冰箱剩菜，這大概就是「年前吃得苦中苦，過年才能人上人」的概念啊！

農曆年，不論採買、準備多麼混亂疲憊，不管年前有多少夫妻間無謂的齟齬，當冰箱裡塞滿四處張羅而來家人喜歡的食物，酒架上排滿我愛的靈魂解藥，爐上咕嘟咕嘟燉著熱湯，門口大紅燈籠與春聯高高掛上，家中花團錦簇，暗香浮動，全家人終於團圓，這就是我的幸福老派新年。

曾應朋友的邀約，以「資深文青」的身分，在「誠品生活敦南」舉辦四場生活風格沙龍講座，透過身兼職業婦女與家庭主婦兩種身分，分享我的九宮格料理由來，雜談兼顧職場與家庭的生活攻略。藉由這次與朋友們面對面的難得機會，將我的生活哲學、心情點滴，對食材與料理的熱愛傳遞給大家，希望能產生大家一起天天開心勤快過生活的共鳴。分享會的主題從「嗨！我是張媽媽！被壓力淹沒的人生，一切從爆炸人生廚房開始」、「九宮格到底是愛還是唉？」、「好有味道的年節準備，跟著我這樣做就對了！過年準備篇」到年前的「我愛過年：如何做好計畫，在家過個溫馨好年，老張家年菜分享」四場講座中分享的近五百多張歷年拍下的一張張照片，是我們日常生活點滴的紀錄。

人人都有做菜魂

透過這分享會的活動，我再次確認人人都有做菜魂、都嚮往自己在家動手，為家人做飯的生活。其中分享年菜與過年準備的那一場，現場座無虛席，互動熱烈，朋友們熱烈眼神交流與熱情互動，及各位好朋友會後在臉書上分享的照片與心情，在在都觸動我心。正向溫暖的能量共振，溫柔地包覆著我及在場的每一位朋友。有人會後在自己臉書上分享：因為先生牙口不好，嫌她菜做的太硬，先生自己下廚，將菜煮得發黑軟爛，讓人胃口全失，但她自從看了我的臉書，決定重新奪回廚房執政權，親自為家人料理美味又健康的餐食；也有一位朋友說：做了一輩子的菜，早已失去了熱情，但我的「九宮格」讓她重拾對做菜的初心，重新開始在廚房裡開心的煮食；還有人表示，做菜做到不知該做什麼時，就打開我的臉書找靈感；更有許多朋友說以前年夜飯都是在外面餐廳解決，她們從現在起開始好期待過年，也要給家人一個親自下廚，準備溫暖年夜飯的除夕。

曾看過一句話：「以前過年，缺的是年貨，不缺的是年味。現在過年，有的是年貨，卻缺了年味。」與其說年味，不如說是歲月、是懷舊的味道。節日的本質是精神的，看似是一些民俗形式，實則是人們在高揚心中的生活情感與理想。我的生活哲學就是，要用心為平淡的日子添加「儀式感」。在家過年吃團圓飯，就是一種儀式感的傳承，在普天同慶，去舊迎新的特殊時刻，為家人營造一桌豐盈年菜與團圓快樂的氛圍，象徵未來的一年都將豐盛美好。

人的限制不在年齡、金錢與任何現實條件，而是在於心中的信念；生命的力量來自於我願意成為一個腳踏實地的實踐者。我因不甘為工作忙碌，犧牲生活品質，不願日子平淡無味，常提醒自己做任何事都要樂在其中。豐盛不需要你爭我奪，它本身就是分享，就是創造。苦盡甘來這理論並不成立，我們在每個當下都要離苦得樂，真正的快樂絕不在未來，絕對不在結果，真正的快樂就是每個當下，快樂的原則就是，當下如果快樂，永遠都會快樂。

14 年夜飯豐盛指南

和一大堆陌生人一起在限時兩小時的飯店圍爐，這樣的年夜飯打死我也不可能接受。準備一桌年夜飯真的沒有想像中那麼難，掌握採買以及菜色搭配組合秘訣，年夜飯大廚捨我其誰。

時序尚未進入臘月，電視、廣播、賣場、超商與各式餐廳，已爭先搶快地推出琳瑯滿目的外帶年菜，以前上班時，年前辦公室裡常有同事發起團購，有人訂整桌外帶年菜，有人搶訂很快額滿的餐廳包廂。還有一位同事，公婆年事已高，五個兒媳婦誰都不想動手做菜，最後一大家子的年夜飯打算叫外送披薩解決。看著大家忙碌地安排「委外年夜飯」，我也曾湊熱鬧的拿了一堆印刷精美的宣傳單回家仔細研究，一張張誘人的美食照片，好料多到湧出甕外的佛跳牆、手掌大的紅燒明蝦、四周排滿鮮綠花菜的東坡肉，引人食指大動，一道道秀色可餐的靚湯美食，不需弄濕雙手，剪開密封包裝，盛盤裝碗加熱即可食用。

很多人無法在家準備年夜飯，是因為「沒時間」與「不會煮」，但累積多年經驗，我相信只要事先妥善安排，擬定菜單與採購計畫，利用空檔分次合擊，其實就能完成。至於下廚，也可採買部分半完工食材，回家再加工上桌，例如買幾道口碑好的外賣年菜，再搭配自己下廚做的火鍋、炒幾道青菜，不就是一桌熱鬧的年菜嗎？

從前還是年輕媳婦時，過年前總會跟著婆婆去大市場採購兼增長見識，公婆定居美國後，我們全家年年赴美團圓過年，一家四口八個大皮箱，除了抵抗美東嚴寒的冬衣，半個南門市場都被我裝進箱子飄洋過海孝親去，舉凡湖州粽、豆沙粽、年糕、蝦米、真空蜜汁火腿、冰糖藕……全都曾被我運進美國。其中高危險群的香腸、臘肉等則是先遣部隊，早在出發前即以國際快遞寄出，抵達目的地的成功機率高出許多。回想起那幾年在美國的農曆年，戶外白雪皚皚，屋內三代同堂，一桌子來自家鄉，熱氣氤騰、香味馥郁的山珍海味，一點也沒有離鄉背景巧婦難為無米之炊的捉襟見肘。現在自己當家，兩個已求學歸國的兒子加上媳婦能一起團圓，媽媽我逛起菜市場更是元氣滿滿，動力十足了。

採買行程如同作戰規劃

我篤信好食材是做好菜的關鍵。通常是在過年前兩週，我「東市買駿馬，西市買鞍韉，南市買轡頭，北市買長鞭」的奔波採購行程就會陸續展開。我會仔細核對菜單，為避免遺漏或重複，將所需食材分門別類，再依照地點如迪化街、南門與東門市場、大賣場與家附近的傳統市場標示出來。

年前採購常是透早出門，黃昏才回到家，整天在外奔波，真的比上班還忙。採辦回來的年貨與花果，從大門堆到廚房門口，從黃昏收拾到黑夜，家裡還是一團混亂。但再累也不能休息，一定要收拾妥當，將食材分門別類存進冰庫與冷藏，將家中原本就有許多呆滯存貨的冰箱塞到不見天日，打開了很難再關起來，關起來還會自動再彈開。常為了找一條肥滋滋準備做五更腸旺的肥腸，翻找冰箱遍尋不著，最後只能以要炒酸菜的豬肚代打上陣。年年老戲重演，去年除夕一早準備蒸臘味了，女食神阿嬌莊月嬌手作一斤「烏屎椒香腸」任憑怎麼翻箱倒櫃，怎麼找也找不到，虧以前工作時業務範圍之一是物流管理，存貨管理做到如此稀裡糊塗，也真是回天乏術了。

小時候大家都唱：「哥哥爸爸真偉大！」其實年長之後，才知道更偉大的其實是婆婆與媽媽。年前最後一波採購是除夕前一天（或當天），標的物通常是較難伺候、不耐放的黃豆芽等嬌嫩的蔬菜。住家附近的淡水小鎮菜市場，年前東北季風強勁，風強雨驟低溫，清晨人少車稀，張郎一早苦著臉被勤快的老婆挖起床上菜市場，有一次也不知道是去晚了還是怎樣，清早八點不到，店家的黃豆芽竟然只剩一包，幾位提著菜籃的歐巴桑有志一同，全體目露兇光緊盯著那僅剩的一包寶貝，人人志在必得！「老闆！那包黃豆芽給我喔！」嘿嘿！最後由先聲奪菜的我拔得頭籌，優先得標。老天爺啊！我真無法想像過年的「十全十美如意菜」要是少了黃豆芽這一味兒，那天窗真是開大囉！

過年菜價哄抬，但有些菜式還真缺一味不可，南門市場的台灣產蒜苔有一年價格高到一斤一千兩百元，相熟的店家還說一天只有五把。大陸進口的蒜苔一斤三百元，個頭較粗、香氣相對少些。烤麩、醃篤鮮都要用到的冬筍一斤二百五十元，一天漲十元一直漲到除夕，要買不買，隨君心意，反正我可是非買不行。

年夜飯菜單，齊備人人的心頭好

年前每日揣在包包裡帶進帶出、斟酌已久的年夜飯菜單，自有一套我的菜色配置組合原理，基本安排如下：

一、婆婆手把手傳給我的家傳菜兩三道，如河南安陽皮渣、酥肉、十全十美如意菜、熗白菜等。相信每家都有來自婆婆或媽媽的傳承菜色，過年就是最好的重溫與傳承時機。

二、各色香腸臘腸、臘肉拼盤。這些特色醃製肉類來自各傳統市場，其中廣式臘腸、膶腸油潤玉瑩，高粱酒香腸酒香濃郁，湖南辣香腸、豆腐香腸佐酒聖品，都是過年不可少的應景菜色。

三、熱炒海鮮數道，如燴海鮮、紅燒魚、茄汁明蝦等。

四、還有山東人一年四季都愛吃的涼拌菜數碟，首選冬季盛產鮮甜的蔬菜，如涼拌白菜心、涼拌蒜苔、麻辣黃瓜、涼拌三絲等，清爽的涼拌菜化解了大魚大肉吃多後的油膩感。

五、最後配上一鍋咕嘟咕嘟冒著熱氣的酸菜白肉火鍋或是放滿燉豆腐、鴨血、大腸的麻辣火鍋。

六、鑲著紅棗的大饅頭，我們家稱為「棗發」、烙單餅、下酒花生、米飯隨侍在側。

我心目中一桌完美的年夜飯莫過於如此。豐盛一大桌，齊備人人的心頭好。當然有兒子說過年一定要吃的奶奶味道的河南安陽「皮渣」，慰藉張郎想念媽媽做的魚最好吃，我就奉上大尾海釣花輪魚；嫩烤松阪豬則是小兒子的最愛，而一大盤滷味牛花腱心、毛肚、牛腸、豬腸、豆乾、海帶，則是讓我下酒開心。

從冰箱取出冰存的老滷汁，兌入開水、下老薑與蔥、花椒等香料，放入汆燙洗淨的牛花腱心與毛肚、豬肚，小火慢滷，陸續加入豆乾、海帶與滷蛋，待火候足時，不急著取出，必須全數浸在滷汁中過夜，使其入味。年夜飯的桌上，品項齊全的滷味拼盤，是受歡迎的佐酒聖品，牛腱、毛肚、豬肚與豆乾用利刀片得薄薄、排列整齊，海帶、滷蛋最後切，以免沾染碎屑使擺盤扣分，一盤擱不下，可分為兩盤，灑上蔥花、香菜末、醋與麻油。這盤年夜飯完美的下酒菜，在準備階段最易遭到偷襲，明明切好擺盤妥當的牛腱與豆乾，一會兒不注意就會出現缺口，你來廚房轉轉捻走一塊肉，我來看看再捏去一塊豆乾，這不能怪，因為這香氣誘人的滷味，誰能不愛呢？

跟婆婆學會的手路菜

至於如何讓烹調年菜過程不手忙腳亂，有幾道手路菜可以在小年夜那天先提早準備好，否則除夕當天，是絕對忙不過來的。扁尖火腿全雞湯先上燉鍋，準備燴菜的三層肉下鍋煸出豬油然後紅燒，接著做獅子頭、炸小肉丸子。其中，三十多年前嫁進張家，在張郎的姥姥家中第一次嚐到了河南安陽的特色菜「皮渣」，往後年年過年，婆婆都會製作這道耗時費工、需經驗累積才能成功的家鄉菜。以前年年吃，一點兒都不覺得稀奇，直到公婆搬去美國，我們有了栗子，無法再隨心所欲說出國過年了，突然懷念起過年時熱騰騰的「皮渣」砂鍋端上桌時，家人眼神發亮、大家爭相夾食的溫暖情景。

「皮渣」看似無味兒，但燉好後吸飽腴美湯汁、入口充滿彈性一咬即化的絕美口感，在台灣會做的人愈來愈少了，因此我特地跟婆婆學會這道家傳菜。以綠豆粉絲耗時費工製成的皮渣做好後，燴的動作是另一個重點，將海碗大的皮渣切塊下鍋，加入噴香連汁的紅燒五花肉海帶，再加入全雞湯，小火慢慢燉煮，其間不斷添雞湯，讓皮渣內的粉絲吸飽濃郁湯汁。皮渣做的成不成功，此時功夫立現，失敗的皮渣在鍋中會解散成粉絲原狀，成了粉絲湯鍋，或是硬如頑石，久燉也不入味。成功的皮渣會保持塊狀，充分吸飽湯汁，呈現半透明狀，抖動著迷人胴體，引誘您食指大動。待燴入味盛入保溫砂鍋前，加入少許菠菜，趁滾燙時端上桌，吃時以杓子舀著進碗裡，滿桌的大魚大肉，「皮渣」吃起來似肉無肉、透著蝦米、大蒜融合的香味，豐腴軟糯的口感，給人一種至高的口慾滿足。

河南安陽是聞名世界甲骨文的出土地，能產出這樸實中有深奧食文化底蘊的特色菜，起源其實是先人節儉愛物的美德。出產綠豆的河南，純綠豆粉絲品質一流，但稍為用力拿捏，或運送過程中，纖細易碎的粉絲即斷成寸段，碎屑丟了實在可惜，因此發想出這道報廢食材再利用的珍饈。這費時費工的皮渣，在此言明以後絕不強迫傳承給媳婦兒們，因為我嚴重懷疑，現在年輕人連飯都不想煮，誰還給你學這功夫菜啊？以後兒子們想吃，請買張直飛機票飛到河南鄭州，再轉兩小時車程到安陽，就可以吃到奶奶與媽媽的味兒啦！

一家人同心合力，熱鬧歡喜的準備

手路菜完成一道，接著連聲喚來已力竭昏迷在沙發上的張郎，請他幫忙磨利菜刀，開始磨練心志，仔細將十樣「十全十美如意菜」的菜色一一切成〇・二公分的細絲，然後依熟度難易一樣一樣炒好調味，再混合炒熟完成後，分裝進保鮮盒內放涼存入冰箱。這道清逸爽口的「十全十美」、「十香菜」、「如意菜」儘管準備工作繁複，但取其吉祥如意，加上在眾多大魚大肉年菜中吃來清爽可口，是每年過年必備的的素菜。我也是在婚後才跟著婆婆學會這道吉祥年菜。這道大飯店廚師稱做「斷手菜」的素菜，可當晚餐中的一道解膩好菜，可捲在薄餅中配碗雞湯，也可早餐送小米稀飯，一整個過年假期，餐桌上有了「十全十美」，就覺得人生真是豐盛美好。

以往過年，公公婆婆在廚房裡婦唱夫隨，恩愛慈祥的一人洗切、一人炒的為我們做這道年菜。現在我與張郎也攜手傳承，不同的是我包辦洗切炒，他負責進出廚房湊熱鬧兼攝影。不論如何，過年就是要一家人同心合力，熱鬧歡喜的準備。希望這道菜有一天也能傳給兒子與媳婦兒，年年在

年夜飯餐桌上凝聚對先人的感念與回憶。

年夜飯從黃昏開喝慢吃，冷了的菜端下去加熱，湯涼了爐上滾好再上，酒酣耳熱直至夜深。待子時將至，鞭炮聲由遠至近，煙火照亮寒冷的夜空，栗子跳上我們並排端坐的腿上，孩子們向二老磕頭拜年，我們歡喜派發祝福的紅包，祈祝紅包可包住福運。凌晨到了，端出代表新年與舊年相交時刻的交子（餃子），看看哪一位幸運兒可以吃到包有錢幣的熱騰騰元寶，福上加福，吃過餃子這頓年夜飯才算圓滿。

懷著樂在其中的心情，為心愛的家人在一年中最重要的節日裡營造年節溫馨的氣氛，盡心準備一桌屬於自己家的好味道，我認為這是身為人妻、人媳、人女與人母的特權與至高的享受。

第四部

小鎮之美

15 小鎮菜市場是寶庫

不管吹風下雨大太陽，退休後我雷打不動常常要去的地方就是傳統菜市場，雖然張郎老是碎念，但我就是不管，大雨中穿著漂亮的雨衣雨鞋逛菜市場，多麼有情調啊，就算只買回兩根新鮮小黃瓜也心甘情願走一遭。

喜歡做菜的人，大部分是喜歡逛市場買菜的，就像許多米其林星級廚師，不但會親自逛市場買菜、挑選食材，很多還擁有自己的菜園、果園或圈養牲畜，以確保食材的品質與新鮮度。愛做菜的我當然愛買菜，尋常日子裡除了在住家附近採購鮮蔬，為了一些特殊的食材，還會長途跋涉跨區採買，例如到南門市場裡尋找火腿、大頭菜、綠豆粉絲等。出差或出國度假時，只要時間允許，我一定造訪當地的傳統市場或超市，走走逛逛當然還要用力買買買，只要是能帶回國的異國風味食材，不管是調味料、乾貨，甚至泡麵等，一定認真打包，帶回家來在自己的廚房烹調來自四面八方的風味，以饗家人。

雨鞋與長雨衣，雨天逛菜市場必備

十幾年前搬至人生地不熟的淡水小鎮，首先著手探訪的就是事關民生大計、家庭幸福的菜市場。小鎮菜市場隱身在老街中段的小街內，有多個隱密的出入口，綿延的固定店家與攤商，沿著街道與好似人體血管般的狹窄巷弄鋪陳羅列。每到週末，當大多數人還在溫暖的被窩裡補眠時，我早已迫不及待梳洗完畢，歡喜奔赴小鎮的市場。淡水位臨出海口，冬天東北季風強勁，寒冷的冬天總是陰濕多雨，如果一手拿傘、一手提菜，絕對會降低採購效率。

為了行動時方便俐落，雨鞋與長雨衣，就成了逛菜市場的必備款。說起雨鞋，還必須備有長筒與短筒兩款，下小雨的天氣穿短筒雨鞋，行走起來方便快速，而下大雨時穿的長筒雨鞋，則是有一年赴台東池上，為自己認養的有機稻田插秧時，在當地販售農具的店家所採購的。雨鞋塑膠質地柔軟而富彈性，鞋筒寬鬆方便穿脫，採購時先試穿短筒雨鞋的尺寸，試穿好後，老闆再用機器以熱熔接法，將長長的鞋筒與鞋套合而為一，一雙雨鞋，兩種顏色：淺藍色的雨鞋，搭上素淨白色的即膝鞋筒，這時再穿上每次赴雨具設計精緻的日本旅遊時，一定入手一件的雨衣。如此裝扮，讓我可以在落雨天空出雙手挑菜、付錢、提菜，整個人輕快走跳在菜市場裡。已不知道多少次被婆媽與路人詢問：「請問這雨鞋、雨衣是在哪兒買的啊？」工欲善其事，必先利其器，還能兼顧美麗吸睛的外觀，整個就是我所一直追求的生活態度啊！

四季皆有自然美味

背山臨海的淡水小鎮市場，與一般傳統市場最大的不同，就在因著它特殊的地理位置與環境，有許多在地小農販售自種自銷、符合環保食物里程的當令新鮮蔬菜水果。春天，附近山地林間採摘的絳紫桑椹、嫣紅樹莓，鮮吃、釀酒兩相宜；夏天，河對岸八里水靈鮮嫩、破曉才出土的觀音山綠竹筍，水嫩無渣更勝水梨；秋風起，鮮美的螃蟹、魚貝，種類繁多，讓人目不暇給；冬天，當然就屬剛出土的金時蘿蔔、疏苗後的小嫩胡蘿蔔、做雪裡紅上選的蘿蔔嬰、鮮脆的芥蘭、塌棵菜等耐寒的鮮甜蔬菜最吸睛。

除了一般蔬菜，還有許多具有食療作用、採自附近山林的生猛野菜：龍葵、魚腥草、小本蒲公英、野生當歸等，販售的婆媽總不厭其煩告訴我：又名「小金英」的小本蒲公英，台語叫「鵝仔菜」、客家話稱「山苦脈仔」，味苦性寒，具消炎、鎮痛、解熱的功效，是治療血癌的主藥；渾身是寶的魚腥草，煮水喝可以抗菌、消炎又利尿；清翠結著像綠色、紫色小珍珠果實的「龍葵」，又名「烏甜籽菜」、「牛酸漿」，幼苗與嫩葉是極可口的野菜，入口微苦後甘，汆燙、炒食、煮湯、也可以煮粥，清熱解毒，活血消腫。

除了在地小農販售的各式鮮翠蔬果，河海之交的小鎮，水產漁獲更是讓人眼花撩亂。常有阿婆守著一盆她清早在住家旁海濱礁岩撿拾而來的黑螺，汆燙後蘸辣椒醬油，佐酒一流。還見過比我胳膊還粗、捕捉自山區清澈蜿蜒山澗，渾身斑斕耀眼的河鰻，老闆說燉補強身，我倒覺得應該放生，一問價格：「論兩賣，一尾八千！」整個倒彈！夏天更有許多攤子賣著耗時費工、一碗碗可現食的石花凍及曬乾的褐色石花菜；還有春天現採珊瑚色與鮮綠的海菜嫩芽，五十元一盒，買回家切入薑絲打個蛋花，就是一碗帶著鹹鮮海潮味的強鹼性健康好食。琳琅滿目的魚攤，專業分類：批自大市場的漁獲、人工養殖與本港漁夫出海捕釣的，清楚又美觀。

我常在週末起個大早，趁買菜人潮未至，在親和力十足的魚攤老闆攤前邊拍照邊提問，老闆總好整以暇地耐心回答我所有問題。原來顏色斑斕耀眼渾身長滿長刺，俗稱獅子魚的蓑笠魚，肉質鮮嫩，剪掉毒刺，加薑絲煮湯，鮮美至極；沙灘現釣沙鮻，整尾裹著薄麵衣乾炸，補鈣上品。市場轉角還有一攤讓人嘖嘖稱奇，由一位阿婆一人掌攤，專賣貝類的攤子，一個個裝著清水、蓄養著新鮮無比，碩大的海瓜子、山瓜子、血蛤、文蛤、蛤蠣、牡蠣、蟶子的鐵盆，阿婆總在遞給妳的塑膠袋內大方塞入一大把九層塔，久居美國回台探親的婆婆驚叫：「給這麼多九層塔！這些在美國超市裝在透明塑膠盒裡，一盒起碼要七、八塊錢美金啊！」

週一市場的意外收穫

還是職業婦女的身分時，只能在人擠人的週末上市場，退休後的一天，全然只是因為要在家吃涼麵，想買兩根小黃瓜，在休市的週一早上走進空蕩蕩的菜市場，結果小黃瓜沒買到，路邊一個中年婦女的攤子吸引了我的目光。

走近一瞧，乾乾淨淨架在板車上的檯子，整齊擺放著一袋袋豬肉條與魚漿比例完美的肉羹、表皮半透明看起來口感彈性十足的肉圓、水晶餃，與……我最喜歡的糯米腸！愛吃糯米食物的我，對一條條粗壯肥滿的糯米腸，簡直毫無抵抗力，但坊間賣的，不是腸衣像塑膠皮、內餡糯米生硬難咬，就是軟爛無味，當下再歡喜，我也只敢先買一條試試口味。

採買完回到家開始下起大雨，稍事梳洗，為張郎煮了燕麥粥、剝了水煮蛋、烤好麵包，取出糯米腸切了幾塊，才剛坐下，對面的人發話了：「這是什麼啊？這誰吃啊?!」送他一個衛生眼，老娘我吃啊！叉起一片送入口中……我的媽啊！我的老天爺啊！腸衣一咬脆彈至即嚼即爛，內餡糯米恰到好處的調味，鹹香腴糯，分布均勻的花生軟硬適中，中間還加了少許的鮮香蝦米，這…這…這…真是我今生嚐過最美味的糯米腸了！耐下心對坐在對面，正在細嚼慢嚥的人說：「您快點吃完！我還得再去市場一趟！快點吃啦！我怕她下雨提早收攤了啦！」

最後在雨中再度奔去市場，將老闆娘上下左右好好訪問了一番，老闆娘說攤子上的所有產品都是自己手作，絕不假他人之手，這生意一做已超過十年，每週一上午十點後都會在淡水市場（之前上班，難怪我從未遇過她）擺攤。將她剩下的三條糯米腸全數打包，還買了碗粿與肉圓，暗自決定，以後週一市場休市，我也要上菜市場了！

除了肩挑手提，忙碌地採購之餘，我還常纏著小農與賣菜的阿婆問東問西，不輪轉的台語在敢講勤練間，竟漸漸可以對答如流，其間還不忘拿起隨身攜帶的單眼相機或手機，為翠綠橙黃、鮮脆誘人的青蔬果菜、活跳的生猛海鮮及質樸親切的賣菜婆婆媽媽們拍照記錄，拍下的照片，回家用相片印表機列印出來，下次買菜時再一一分送給我菜市場的朋友們。數年的生意往來與交流，彼此建立了難得的情誼，有時一週沒去市場，下週去一定會被關心都在忙啥？又出差囉？買菜送薑送蒜，買肉減去零頭，甚至哪一攤的魚藥水很多不要買，這種市場秘辛的分享，都是讓我感動窩心的友情表現啊！

剛搬來城市邊陲，心中有著淡淡憂傷，懷念內湖老家的思念之情，就在週週造訪這愈去愈喜歡，愈挖掘愈覺得一地是寶的菜市場之旅中，慢慢獲得了療癒。

淡水河 6.4
0.6km
淡水河 6.4
往 中正路
0.5km

16 小鎮時光，感恩日常

我一直深信「一切都是最好的安排！」當你祈求、常保信心，持續勤奮努力，老天總會給你比你想像的更好的。今天我們在小鎮安身立命，享受自由自在，健康的樂活，就是最好的明證！

七月第一天，清晨遛栗子，與迎面而來同樣揮汗如雨的狗友打招呼，大家互道早安後，開口都是：「這天怎麼這麼熱啊？終於七月了……這夏天才剛開始啊！」

這種天天汗流浹背，一天要沖涼兩次的生活方式，是一輩子幾乎都待在辦公室冷氣房的我十分陌生的。手與腳因為長年吹冷氣，就算是在仲夏，也經常是冰冷的。退休後，每天曬太陽、健走、流汗，回到家做飯、打掃整理，盡量不開空調，一直要熬到日正當中氣溫最高時，才沖涼打開冷氣稍事小憩。運動流汗，排除了身上的濕氣，偶爾打著赤腳踩踩露水猶在的草地，放掉身上的負電荷，身體最明顯的感受就是，肩頸痠痛僵硬的痼疾不藥而癒，睡眠品質大幅改善。每日清晨在淡水小鎮的林間水涯散步時，腦裡已不再有庸人自擾的念頭，取而代之的是對老天無法再更完美的安排無限感恩。

從市區初到鄉下的不甘心

婚後一直住在內湖，兩個孩子的出生成長皆在大湖公園之畔，直至他們國中畢業負笈出國求學。原本位居山坡，青山圍繞的樓中樓住家，對突如其來空巢期的兩個人來說，實在過大，加上家中樓梯太多，對即將面臨初老的我們，必需考慮未來的適住性，有電梯的公寓大樓可能更適合。善於計畫的張郎，劍及履及，送走兒子後，即刻投入找房看房計畫。

他首先將房價過高的台北市排除在外，畢竟家無恆產、薪水階級的我們，要資助兩個孩子在美國念私立高中及大學，這條漫漫長路，我們得仔細盤算。接著，他將新北市劃分成幾個區塊，一區區仔細研究過濾與訪察，最後決定落腳在河海之交、充滿歷史人文氣息的淡水小鎮。我倆大學交往時，曾一日騎乘往返，猶記當年騎回家時屁股快被顛成四瓣，大度路彼時尚在建設階段，一路上不是小石子就是大石頭，只能說年輕果真會被愛情沖昏了頭，換做現在，老娘早已棄車掉頭了，哪會甘心陪騎到淡水！

記得剛遷入淡水市區邊陲的「淡海新市鎮」，張郎一直向我鼓吹此地未來將會大發特發，但我們居住的地點，是整個新市鎮的最外圍，夜晚由位於高處的住家往下眺望，下面的街道，除了兩旁細瘦的路樹，甚至清冷到連路燈都沒有，整條馬路無車也無人，簡直就是蘇俄車諾比核電廠爆發後居民疏散的翻版。試想，由人文薈萃、不論外食、會友、上班皆十分方便的內湖市區，驟然搬到這荒涼、人生地不熟，更不知道菜市場在何方的河畔小鎮，我的心情當時是多麼的不甘、不安與哀怨啊！雖不至於成天以淚洗面，但懷念市區的心卻從未停歇，天天對著張郎不停抱怨幹嘛讓我住鄉下？記得剛搬家的第一年，幾乎週週驅車回到內湖買花買菜，對我來說，不熟悉生活機能、不認識附近店家，不知道菜市場賣些什麼，我對如此的居家環境無法產生任何情感連結。

重新感受四季之美

屬牛的我雖安土重遷，但從小的磨練，讓我的適應力也是一流的。既來之、則安之，既然老天安排我由東搬到西，由城市來到邊陲，我就要好好地在此紮根生活。一旦打住悲情，轉換心情，睜開雙眼、打開耳朵，開始認真熟悉小鎮，連連的驚喜便接踵而至。

每天清晨海上飄來的第一波乾淨空氣，小鎮居民優先享用，只要不進城，鼻孔乾乾淨淨，一個星期都不用挖鼻孔；家中開著窗戶，完全沒有任何落塵。至於大家都說淡水好冷，每次寒流最低溫都在淡水，其實那是因為淡水設有氣溫測候站，有時低溫王也會落在別的地區啊！加上如你慎選住家座向，例如我們家坐北朝南，冬暖夏涼，乾燥舒適。冬天不冷哪叫冬天？真怕冷，那就學我裝上性能良好又有環保標章的節能暖氣，包你一整個冬天乾爽爽、暖洋洋。

小鎮位於山邊水涯、河海之交，綠地幅員廣大，生態環境豐盛，四時交替尤其明顯，這是久居水泥叢林，只知道天冷添衣、天熱開冷氣的我們前所未有的體驗。春天時，好雨知時節，萬葉花草香；炎夏時，一泓玉帶河，風清涼自來；秋涼時，槭庭多落葉，慨然知已秋；冬來了，海上冷鋒至，凜凜小大寒。淡水小鎮，好個與大自然貼近的居家環境！從家裡驅車，二十分鐘可以在秘境的貝殼沙灘踏浪，二十分鐘經樹木蓊鬱的巴拉卡公路蜿蜒而至大屯山自然公園。夏天過海洋戲水，春天至秘境賞花，秋天山間步道戲紅葉，冬天享受暖和和的溫泉，好個「春日才看楊柳綠，秋風又見菊花黃」，這些在居家附近唾手可得的接地氣活動，都是搬到小鎮意外的獎賞。既然如此貼近山與水，可想而知的，就是小鎮隨四時更迭而出，多樣而豐盛的農漁產品，好似寶地的菜市場，讓人流連忘返，驚喜不斷。

歷史人文的迷人風情

這山城與河港組合，古名「滬尾」的小鎮，讓人愈住愈喜歡的另一個理由，就是歷史悠久的人文風情。古名滬尾的淡水（土著語「Hoba」轉音而來）為河口之意，漢人譯為滬尾，指海濱捕魚處之末端，「滬」字原意為在潮間帶所築以攔魚之竹柵。十七世紀初，漢人的行跡即踏上淡水；隨後在明朝（西元一六二八年）西班牙人為拓展海權及進行殖民侵略，占領淡水，建紅毛城。之後，荷蘭人打敗西班牙人成為新的領主，其後，鄭成功打敗荷蘭人，使淡水復歸漢人之手。清咸豐年間，中英、中法天津條款簽訂安平、淡水為通商口岸，後來更成為清法戰爭的戰場之一。

因著以上的歷史緣由，發人思古之幽情的廟宇、西式洋房、日式居所、老街等讓小鎮除了自然風情，更多了歷史與人文迷人的色彩。我們常在車少人少的日子，帶著愛犬信步而行，享受靜謐的小鎮之美。另一不可不提，這土地會黏人的宜居之地，其實最美的更是其濃郁而猶有古風的人情味，這人與人比鄰而居，相敬相惜的溫暖，將在後面文章再敘。

我一直深信「一切都是最好的安排！」當你祈求、常保信心，持續勤奮努力，老天總會給你比你想像的更好的。今天我們在小鎮安身立命，享受自由自在，健康的樂活，就是最好的明證！

17 濱海小鎮的人情味美食

我愛做菜，也愛外食。出外吃飯看日子、也要看心情。有時二老想放鬆浪漫喝一杯，或每逢節日與慶生，我們必定仔細梳妝，覓一口味好、氣氛佳、服務親切的餐廳，團聚享受天倫之樂。

從都市搬到位於台北盆地的西北方，環繞於大屯山與淡水河之間的小鎮，需要適應的事兒還真不少。以前在城裡只要外出，車子一開十分方便，搬到小鎮後，發現鄰居、親友人人就算有車，出外辦事採買都是騎機車。據說因為史前大屯火山噴發，熔岩向四周流下，在淡水境內像張開的虎爪五指，形成一條條斜向低處的餘波，俗稱「五虎崗」，兼具山城與河港特色的小鎮，地勢高低起伏大，蜿蜒小巷弄多又崎嶇狹窄，就算是較大的幹道，也多只是雙線道，路邊根本無法暫時停車，停車場也少得可憐，因此機車是最方便的交通工具。剛搬來時，張郎一開車就嘟囔：「這淡水人騎車怎麼就像在自己家一樣？巷子裡衝出來轉彎前，眼睛看都不看？」讓十幾年前初來乍到的我們開車常開出一身冷汗。

一桌美食配一窗好景

適應機車是其一，其次不習慣的就是，小鎮像樣的餐廳極少，不是開給外地觀光客吃的海產店，就是廉價的百元快炒店，剛移居小鎮時，覺得此地真是美食沙漠，常懷念以前在城裡好餐廳唾手可得。但住了十數年，小鎮外來移入居民人數日增，除了本土道地小吃，許多宜豐宜儉的好餐廳也愈來愈多，我們再也不用為了一飽口福，舟車勞頓大老遠進城了。

座落河邊，可遠眺秀麗的觀音山，欣賞河海之交落日餘暉灑落千頃碧波蕩漾的義大利餐廳，是我們不想進城，但又可享受美味西式餐點、喝杯小酒的首選之一。我們是與店家極為熟稔的老客人，打電話去訂位，馬上被聞聲辨人：「薇薇姐，好久不見啊！老位置幫妳留好囉！」我們有心儀安靜且視野絕佳，可以遠眺夕陽落海的指定桌位，服務人員親切周到，美麗店長有心招待的開胃菜、點心，常比我們自己點的還要多。漫漫長夏，憑窗啜飲冰涼白酒，看著金黃的夕陽在眼前沒入漫漫波中；下著冷雨的冬夜，河邊浪濤湧湧，我們安坐燭光搖曳的溫暖室內，喝咖啡吃蛋糕，不需長途跋涉，就可擁有一份靜謐、一桌美食、一窗好景，這是以前住在都市裡想都無法想像，何等美妙的安排啊！

朋友們看我們常在社群分享餐廳的美酒佳餚與河岸景致，來到小鎮也造訪這餐廳，沒想到被眼尖的店長認出：「您是薇姐的朋友嗎？我在她的臉書上看過妳耶！」被熱情招待菜餚、結帳時還有優惠，朋友們大呼真是不可思議：「小鎮人情味真濃！好想搬來跟你們做鄰居喔！」

小酒館裡的創意料理

我們喜歡的另一西式餐廳，雖名為「四樓小飯館」，卻位於大學附近的二樓，雖沒有絕佳的海景，但我們許多有溫度的照片，就是在這燈影搖曳，裝潢雅緻的餐廳所拍下的。這兒的義大利麵、炸雞翅、溫沙拉與老闆親製的水果派與蛋糕，除了獲美食家專文推薦，親切的服務與歡迎狗兒與主人一起享受歡樂時光的友善動物愛心，深獲我們喜愛。與老闆日益熟稔後，隨當日食材變化的無菜單料理道道讓人驚艷，年輕的老闆兼主廚喜歡戶外運動與浮潛，他在小鎮近海捕獲的野生礁魚與活跳章魚，透過他的巧手創意廚藝，成為擺盤精美如畫的客製珍饈。

在這兒用餐，十次總有九次無法清醒的回家，因為每次主廚在廚房忙完，總會再開瓶好酒與酒意已濃的我們分享。除了在他的餐廳用餐，我們常相約於他們夫婦的公休日，赴小鎮小館子喝一杯。年輕的老闆說，找一天，他一定要自備食材來家裡為我們上演「主廚到你家」，大家各顯身手，做他一桌拿手好菜，一起開心喝一杯。

小鎮有棟精緻的城堡式建築，一樓有條潺潺護城小水道圍繞，這家經營者本行是科技業，但對餐飲水準要求直逼許多市區星級飯店的餐廳。桌上鋪著漿得筆挺雪白的桌布，白瓷餐具與玻璃杯閃亮白皙、纖塵不染，訓練嚴謹的服務人員分寸得宜，所有食材採買都由店經理親自把關，菜式多樣，道道中規中矩，在此宴客賓主皆滿意。餐廳附有一低調沒有廣告的烘焙坊，手工揉製的限量吐司出爐時間不定，手感沉重、口感香糯軟腴，是身為吐司控的我心目中數一數二的極品，每次用餐完順便領取預先訂購的吐司，有吃又有拿，豐盈充裕的幸福感十足。

愛吃愛做的人頻率相同

週末的夜晚，如不想刻意打扮、也不想舟車勞頓進城，我們最喜歡來到位於小鎮深處、觀光客幾乎無從知曉，店面清爽乾淨，口味極為到位，尤其是客家小炒，是我目前心目中炒得道地好吃的第一名熱炒店，點來幾道舒腸適口的下酒菜：客家小炒、紅椒豆乾肉絲、鹽酥蝦、麻辣牛筋……兩人輕輕鬆鬆、邊喝邊聊，一頓舒心的晚餐，除了滿足了口慾，更是舒壓解勞的妙方啊！這第一名客家小炒餐廳，位於一條住宅區的小街上，路旁錯落著低矮的房舍，街旁有風姿綽約的樹木，還有居民擺置的盆栽，簡單的市招、略為黯淡的街燈與雜貨店前放著店家自產自銷的南瓜、地瓜等農產品，讓我有回到從小長大古早桃園小鎮的錯覺。

來此用餐，除了享受美好的食物，奇異的回溯童年時光的錯覺，常讓醺醺然的我格外愉悅放鬆。在城裡開知名館子，會吃也會做的饕客朋友也被我們邀來小店吃過，他酒後暈陶陶地說：「沒想到鄉下地方還有如此水準的炒菜！下次一定還要再來！」

十幾年前剛從市區搬到小鎮，人生地不熟，因緣際會認識了一位大學念電機，卻一心嚮往烹飪美食之路的有為青年。他在小鎮的餐廳擔任廚師，常在客人都離開餐廳打烊後，陪我們一起坐坐聊聊，隨著他修習專業廚師這一路走來，我們追隨他的腳步，常光顧他工作的餐廳，互相問候喝一杯。相識十幾年，看著他結婚、生兒育女，始終君子相交淡如水，彼此關心，無事不聯絡，有事必相報。

退休後時間寬裕了，我終能造訪他獨立門戶後，自己開業的精緻小店。位居社區、醫院與學校人口密集社區的三角店面，用餐時間門口客人大排長龍，店裡員工忙進忙出，只見老闆他在廚房裡揮汗如雨鍋鏟齊揚，我們的桌上招待的菜比自己點來的還多。看到勤奮小友終於擁有自己的店，打出一片好天地，內心真是為他高興與喝采。每每在營業時間，只見他脖子上圍著汗濕的毛巾在爐火前忙碌，只能偶爾探頭與我們短暫的話家常。因此我們常約好在餐廳打烊後，由他認真備置幾樣漁港直送鮮活海產與拿手好菜，聚在客人已去的店裡，好好敘舊喝一杯。

香港美食家蔡瀾曾說過：「愛吃的人，享受食物的人，大多數是個性開朗的，他們不會給你增加什麼麻煩，不管在金錢上還是在感情上，的確值得交往。開懷大嚼的，沒有壞人，時間都花在欣賞食物上，哪有心機去害人？」我愛做菜、喜歡鮮美的食材與享受食物帶給我的幸福感，因此遇上同樣樂衷此道、愛吃會吃會做的人，我總會與他們成為情誼深厚的朋友。

閒適的咖啡時光

當然，生活中一定要有一家咖啡館。小鎮上這家摯愛的咖啡館頗有來頭，因為母店是源自八里的咖啡廳，早幾年一樁社會案件轟動台灣，五年前老闆來到淡水開分店，從此成為我家週末的早午餐廚房。人稱「台灣最倒霉的老闆」大炳，為人誠懇耿直正派，與我們早已成為可以把酒言歡的好朋友，每一位親切的員工也熟稔如家人，只要我們踏入咖啡廳，不消太久，專為我們客製的香醇咖啡與精緻餐食，就會色香味俱全的端到面前，對狗兒友善的店家，歡迎狗狗與主人一起享受。

喝咖啡的快樂時光，我們家的栗子熟門熟路，每次進門就有笑盈盈的姐姐為他倒上一碗鮮奶，散完步氣喘噓噓的栗子，總是呱嗒呱嗒暢快地一飲而盡。

四面採光，自然光源極佳的咖啡廳，座落在一片蓊鬱的樹林間，四季皆是美景。冬末春初老香楓下好光景，前一季的香楓蒴果，像帶著刺的小球，連著長長的柄，成熟後裂開，裡頭的種子像有翅膀的黑色小芝麻粒隨風飄散。每年春初二、三月綻放的香楓花，花色淡黃、無花被花瓣，只有帶毛的刺狀小鱗片，惹人憐愛。我在木棧板地上忙著拾種子撿花，張郎說中空的木棧板有彈性不傷膝蓋，是他最佳的練舞場，搖頭擺尾練起踩地踢踏舞來。累了乏了，我們就在這靜謐清幽好地旁的咖啡廳，享受客製化的早午餐，喝杯咖啡歇歇腿。

秋季，高聳的木麻黃在風中搖曳，發出與海濤一般療癒的聲響，石巖楓串串鵝黃的卵形果實，是最能代表金秋的顏色；蒜香藤小喇叭狀的簇

簇紫色漸層小花，楚楚可人，惹人憐愛；名字讓人發噱的馬交兒，具清熱解毒功效的果實已由綠轉紫，形狀顏色都神似高緯度生長的莓果，秋實纍纍、灼灼其華的秋天，樹梢林間處處是驚喜。因為林木郁郁芊芊，生態十分豐富，常有蟲兒及爬蟲類光臨，擦得清透的玻璃，偶有鳥兒誤撞玻璃身亡，其中還有色澤艷麗的五色鳥。護生惜物的咖啡廳，從「台灣猛禽研究會」取得栩栩如生的鳳頭蒼鷹貼紙，貼在正對樹林，可以遠眺淡水河出海口的大片玻璃窗上，這就可以有效嚇阻視力極佳的鳥兒，避免飛行中誤撞玻璃的慘劇。我們常在遊人未至的早晨，在這靜謐的空間裡，聽著鬆軟的爵士樂，享受一段閒適的咖啡時光。

當初十分抗拒搬到這城市邊陲的小鎮，除了距離市區遙遠，沒有熟識的鄰居朋友，更缺乏城裡五光十色的飲食文化。現在這住了十幾年人情味濃厚一方好地，早已成了我心中不做他想的家鄉。俗話說：「土不親人親，河不親水親。」我與淡水早已土親人更親，一步不想離了。

我心目中的客家小炒

搞不清楚是從什麼時候開始，全心愛上「客家小炒」這道菜。如果一家館子會讓我一去再去，就是因為它「客家小炒」做得道地做得好。新去一家餐廳，如果菜單上有「客家小炒」，我一定點來測試師傅的功力。好吃的「客家小炒」在我的標準裡，必須具備幾個要項：

1. 品項齊全：豆乾、魷魚、豬五花肉條、芹菜、小開陽、蒜片、蒜苗、蔥、辣椒，缺一就扣分（如果加點菜脯增加風味，也是可以的）。

2. 每個品項都有軟硬、火候、刀功的要求，調味更是重點。魷魚軟趴趴如麻糬，扣分，硬如塑膠片，扣分；豆乾不可切太細薄沒了口感，必須用油煎到赤赤略焦；靈魂的豬肉，必須是三層肉手切成比肉絲粗的條子，每根肉上必需肥瘦相間，如果只有瘦肉，就是不及格。芹菜要嫩，如果纖維粗荒，真不如直接吃草。開陽要選個頭幼小、泡水使軟、用油煸至酥香。蔥及蒜苗都要切得適口又悅目，大蒜必需切成片、不可剁碎。調味要用醬油膏及少許醬油，白胡椒粉是不可少的靈魂，起鍋前嗆點兒米酒增香，盛進盤裡不可一汪油、但必需油光閃亮。

18 淡水小鎮的小吃靈魂

淡水有許多隱身巷內，只有在地人才知曉的風味小吃。從傳統早餐到麵線、清粥小菜，因為時常光顧又愛纏著人東問西問，整個店家從老闆到夥計都與我相熟友好。精采的小吃店吃的是美味，更是生活與歷史味。

淡水距離城市不遠，但仍保留了許多小鎮悠遠的道地小吃文化，除了遊客必訪的阿給、魚丸湯與肉包等，還有許多隱身巷內，只有淡水在地人才知曉的風味小吃，如黑白切品項齊全，生腸、嘴邊肉、粉肝收拾的乾淨俐落的老麵攤；顏色嫣黃的台式咖哩飯與張郎從小長大的基隆廟口咖哩飯系出同門，讓他一吃馬上想起童年往事；肉羹包漿穠纖合宜，內餡豬里肌口感柔韌，湯頭勾芡恰到好處；小鎮限定版的美味圓形便當，還附著蛋白邊緣煎得恰恰、中間蛋黃爆漿的荷包炸蛋，配菜每日變換，主食現點現做，家常味十足。

撫慰人心的傳統美味

小鎮還有一家專賣清粥小菜的小店，客人一上門，親切的老闆娘必定招呼：「坐喔！呷奔？阿係呷ㄇㄨㄟˊ？」臨馬路的店面前，整排底層加熱水盤上擺設著一道道鐵盤盛裝的現做小菜，乾煎帶魚、炒吻仔魚、滷豆腐、滷豬皮、五花肉……還有煎的薄薄，一層層疊的像千層蛋糕一樣的菜脯蛋及炒時令青菜，油炸花生、甜甜的豆棗、鹹蛋與醬菜整整齊齊的一字排開，樣樣看起來都有滋有味，熱騰騰的白飯與一大鍋腴糯的地瓜粥任君選擇，點來幾道小菜送飯配粥，真是舒腸暖胃。

小店從深夜營業至隔天中午，整個下午休息到晚上，如果你錯過了晚餐，突然想吃宵夜，或是早餐想吃粥，來這兒就對了。

因為常常光顧，比實際年齡年輕許多、容貌姣好，兒子已承接衣缽的老闆娘，與我是互動親切的朋友，每次為我不是菜量刻意多加，就是價錢去尾少算。我在菜市場大肆搜刮沉重的戰利品，也常卸貨借放在她的店裡，我才可以繼續進場發揮。住家附近有一家如此清淡有味的親切小店，真讓人覺得安心幸福。

清早吃到古早又撫慰人心的中式傳統美味，是我的早餐心頭好。十幾年前搬離住了二十幾年的內湖，遠離常吃的民生社區老燒餅油條店，心裡的失落跟離開買慣了的菜市場一樣難受，常常週末還長途跋涉開車回去或是起早摸黑去「阜杭」打打牙祭。直到有一天在小鎮發現了這家門面不大、但中式早餐品項一應俱全，不論燒餅、油條、水煎包、飯糰、蘿蔔糕都用料實在，做法正規的燒餅油條店，我的早餐思鄉病才正式獲得療癒，也覺得自己真的是在小鎮落地生根了。

一家燒餅油條店道地不道地，吃吃看其中幾個品項便知，其中燒餅是驗證的必備款。好的燒餅必須酥、必須脆、必須本體實在，酥脆中不可一咬就滿地掉芝麻燒餅渣，搞得人吃了一半、桌子上掉一半；此外，還必須要有一定的咬頭，韌中帶酥、軟而夾韌。滿布香脆芝麻的厲害燒餅，夾著店前面現炸剛出油鍋、稍放已不燙口但焦脆度剛好的油條，拿在手上稍微摁緊壓扁，別管形象張大嘴一口咬下，這種快感只有愛吃燒餅油條這好東西的人才懂得啊！

飯糰，小時候在上海念小學的婆婆叫「瓷飯」，是我所喜歡的早餐品項之一，小鎮燒餅油條店的飯糰做得十分符合人體工學，直徑大約五公分，蒸得恰到好處的糯米鋪平在耐熱塑膠紙上，用調羹舀上菜脯、肉鬆與油條，完美的比例、鹹甜交錯，軟脆互陳，到底是哪位先賢達人發明了如此讓人著迷、永吃不膩的人間美食啊？

張郎最愛的鹹豆漿

判斷一家燒餅油條店道地不道地的另一個品項就是「鹹豆漿」，這碗喜歡的人吃了欲仙欲死、不愛的人聞了掩鼻通過的鹹豆漿，是咱們家張郎的最愛，每試一家燒餅油條店，必點一碗來評分。好的鹹豆漿，蝦皮要新鮮、蘿蔔乾必須通過食安檢驗，無化學物質不可死鹹、蔥花要流動率高，如果放老擱久乾燥脫水，讓人一看整個食慾遽降；辣油必須辣中帶香，最重要的讓豆漿結塊成豆花的靈魂是加入其中的那勺醋，特別請問了老闆，他的醋是用白醋、醬油與水依經驗一起調和煮滾放涼的特製品。將蝦皮、蘿蔔乾、醋俐落放入碗中，大器沖入滾燙的清豆漿，灑上蔥花、辣油與剪成小塊的油條，一碗愛之欲其生、恨之欲其死的完美鹹豆漿於焉完成。

好幾次外帶鹹豆漿回家給挑嘴的張郎，倒出來的鹹豆漿結塊失敗，散成一碗天女散花，因為這樣，我可以被他碎念一整天。後來與老闆娘一起深入檢討，發現沖豆漿的溫度、手法都攸關豆花結塊的成敗，原來從業人員的經驗也是鹹豆漿好不好喝的重要關鍵之一！這店裡就數一位做的最久的阿姨與老闆娘最麻利，從此以後，只要我往豆漿台前一站，所有員工都喊：「老闆娘！薇姐勞點鹹豆漿喔！」

因為時常光顧又愛纏著人東問西問，整個店家從老闆到夥計都與我是相熟友好。從金門來台灣讀書，與老闆妹妹相戀結婚、永遠笑臉迎人的老闆之一，從臉書上知道我是愛喝到下港有名聲之人，還相贈他珍藏的「金門八二三戰役六十週年紀念」高粱酒。手工彩繪瓷瓶，裝著戰地來的瓊漿玉液，提著如此有意義的禮物上車，張郎驚嘆：「這怎麼好意思啊?!小鎮的人情味兒真是太濃了！這樣吧！從今起，咱們家三餐都吃燒餅油條、豆漿、水煎包、飯糰與鍋貼吧！」

每次去買早餐，不管豆漿幾杯、燒餅幾個，總享有老闆與闆娘的貴賓特惠價，買完裝袋後還要隨手抓個糖燒餅、蔥餅為我加料。可愛的淡水小鎮，黏人的一方水土，最迷人的其實是醇厚樸實、在城市裡已幾乎絕跡的人情味啊！

紅麵線與豬腸的絕妙好味

隱身巷弄，觀光客難尋，但淡水小鎮居民皆知在地好味道的紅麵線店，自民國八十三年營業至今二十餘年，樸實傳統的好味道讓人一吃成主顧。小店的麵線用的是產自雲林，迪化街老店的手工日曬紅麵線，久煮不爛，韌糯有勁口感實在，絕不軟爛。溫體豬腸不如坊間一般摻硼砂使其漲大，全數用手工耐心洗淨，再以滾水漂煮三次，放進老滷汁中燉滷入味，恰到好處的火候，豬腸軟中帶韌，滿足牙口嚼勁兒又絕不會讓你像咬橡皮筋般胸中發火。

小店的麵線配料，除了大腸、還有同樣滷得入味的小肚、生腸與豬肚，豐儉由人，顧客可依自己喜好要求老闆加量。一碗用心的麵線由手工日曬紅麵線、安心乾淨好味道的豬腸組合而成，沒有一堆稀裡糊塗的勾芡

（坊間麵線如不現吃，一會兒就凝結成一團硬邦邦的碗粿），加點烏醋、灑上香菜、擠點辣醬，趁熱筷勺並用吸溜下肚，那個舒爽啊，真的是此味只應天上有啊！

我愛傳統台式美味，更愛這對吃的用心、堅持與傳承。離開職場後，我曾在臉書上寫道：「……退休後，最想做的一件事：就是成立幫派……。」後來結識了一批姐妹，大夥真的打趣成立了「玫瑰幫」，與我互為臉書上朋友。

常關注彼此生活動向親切的麵線老闆，在我一天光顧時說：「妳幫派的人夠嗎？需要人的話……哈哈哈哈！」看似不苟言笑但內心幽默，常贈送我滷得入味的豬肚、生腸與自製的香蔥豬油的老闆夫婦，先生曾負責汽車銷售，太太擔任會計，因緣際會一起經營這夫唱婦隨人生第二春的麵線事業達二十幾年，與前面提到的清粥小菜、燒餅油條等老闆們一樣，每一位都勤勤懇懇，經營著他們規模不大，卻投注全部心力的事業。在我心目

中，這些看似平凡，卻是如此認真勤勞、嚴謹看待自己所做的每一件事的人，就是可敬的台灣人，就是可貴的台灣精神所在。

後記
一切都是最好的安排

每年過年，杯觥交錯、菜餚滿桌、充滿親朋好友豐盛恩情的新年假期將接近尾聲時，我總暗自心情低落，因為過完年，一切將回歸正軌。但之於我，什麼才是正軌？每日勞碌奔波於高壓職場與家庭之間？經常為小事抓狂？逢空就要用不停的活動與勞動填滿空隙？我曾期許自己五十而知天命，但白白虛耗了多年，卻還是終日不休，汲汲又營營，無所適從。曾看過一本書：「修行的重點不是你跟誰學過、什麼人到過你家……。」往臉上貼金不代表自身是金，要真正對自己有幫助，必須有志氣發誓願破除心中的執著，從生活中觀照自己的妄念，慢慢將之放下，就是「滅去心頭火自涼」。

如陀螺般轉不停的生活

我的生活非常規律與單純，工作占去了幾乎一半的時間，剩餘不到的十二小時，滅去睡眠、持家，真正保留給自己的，一天不到一兩小時。陀螺般轉不停的忙碌步調，讓我最喜歡在通勤時，觀察身邊的人及窗外的街景。路邊靠著牆獨自靜靜吸菸的人、咖啡廳靠窗一人喝著茶的側影，這些獨自享受或寂寞，或難得安靜的剪影，都是我心嚮往卻不知何時才能得到的。知心好友，甚或是從未謀面的臉友，都常勸我腳步放慢些、多留點時間、疼惜、觀照自己。我這才驚覺原來我的庸碌奔波執著、與對身邊人過度的關心照顧，早已讓自己硬撐的身心元氣低落、心浮氣躁、整日無一所終。常趁週末或連假時，刻意早起整頓清理思緒，常感覺今天可以掌握的一切，明日可能轉眼一場空。高標準的自我要求與工作壓力，其實就是「花開滿樹紅，花落萬枝空，唯餘一朵在，明日定隨風」，常想如果早點退休，日子會不會好過一點呢？

我不是心靈導師，更不是正面達人，只是好奇上帝給我此生在工作上遇見的一些匪夷所思的人與事，是測試？是考驗？「色身假相皆虛妄，念起無名困業障。因因果果霧裡轉，苦難磨來智慧長。」在職場翻滾近四十年，還是無法冷眼旁觀一些見利忘義、趨炎附勢、只求自私自利自保之人的嘴臉。嘴上正義凜然，大道理一套又一套，如風向球般抱著上位的大腿，靈巧地跟著轉動自如。老天真是嚴厲的老師，你看不慣的人事物、學不會的課題，他就一而再、再而三的出題讓你學習。感謝他在我身邊安排的上師，日日對我表法。我真不知何時參透、何時才能得道啊！《金剛經》結尾時說：「不取於相，如如不動。」不執著於相，便不被相困住，不被相困住，就不會迷亂。當你了悟到，人生執著的東西，到最後沒有一個留得下來，根本一點意義都沒有，那你還執著個什麼勁兒？還在意個什麼？人的一生，庸庸碌碌、急急忙忙，到底在追求些什麼？誰愛抱大腿、誰愛當狗腿瓜，這都是他的業，讓他去修吧！

不忘隨時觀照自己的內心

我提醒必須靜下心來反省自己，是否有慈悲心、包容心、歡喜心、體貼心、清淨心？隨時觀照自己的內心，覺察是什麼困住了自己？從而把它放下。如此，才能經常保持清靜自在、無所困礙啊！到底何時我才能順利過關呢？「結尾好，一切都好」這句話，最能描述一下簡單的人生課題：一個農夫的馬跑掉了。鄰居知道了就說：「你的馬跑走了，好可惜喔！」「我們走著瞧吧！」農夫說。有一天，農夫的兒子發現了那匹馬，於是追上去想抓住牠，結果卻摔斷了一條腿。鄰居覺得很同情：「你的馬跑了，兒子又斷了腿，真可憐。」「我們走著瞧吧！」農夫說。結果戰爭開始了，他的兒子被徵招，但卻因為腳傷無法通過體檢。很多年輕人都因參戰失去了性命，但農夫的兒子卻逃過一劫。「恩賜往往帶著災難的面具」，人生不就是這麼回事兒？

「左列鍾銘右謗書，人間隨處有乘除。低頭一拜屠羊說，萬事浮雲過太虛。」這句話就是說，左邊掛滿了你的功績和讚譽，右邊就是你的過失與詆毀，世間百態就像天平一樣，一邊高就有一邊低，或加減，或乘除，禍福相倚，譽毀往往相隨。如能效法昔日楚國哲人屠羊說一樣，看破這些功過毀譽，其實都只是天空中的浮雲塵埃，不久它們就會隨風而去，留下來的，依舊是一片清澄湛藍的碧空。不管碰到什麼困難險阻，我始終感恩一切都是最好的安排，總抱持著「我們走著瞧吧！我一定會順利過關」的信心。

感受吸引力法則

一直深信宇宙間有一個強大的法則——吸引力法則，你的思想是磁場、是能量、是有吸引力的。你想什麼，能量磁場就會發射電波到宇宙，宇宙就會回應你的想法，給你心裡所想的。請千萬別低估吸引力法則的力量，因為思想是因，與你思想一致的人生和境遇就是你得到的果。你種什麼因，就會得到什麼果，這就是種瓜得瓜。「意念場」的強大能量，終於在我身上獲得驗證！

記不清倦勤的念頭起心動念有多久了，只知道以往不待鬧鐘司晨，五點半一到即自動精神奕奕起床，直到一陣子每日清晨起床愈發困難；每天下班回家的疲累與日俱增，每晚拖著沉重的步伐，對來車站迎接我的張郎擺著難看的臭臉，回家的車程，我不是不停地抱怨，就是因為他無心的話語發無名火；晚餐因為胃食道逆流，常常有一搭沒一搭，毫無胃口；週末變成沙漠裡的海市蜃樓，美好難得又稍縱即逝，心情往往從週日過午起開始為隔日的週一而低落。日復一日的生活，長期在趕、趕、趕的壓力中度過，不知有多少次，想到與我年齡相仿的同學、朋友，絕大部分都早已過著退隱山林，悠然自得的生活，唯獨我，還像高中生般每日揹著便當、趕捷運、從天亮進辦公室，直到天黑才下樓回家。再做兩年就退休……或……再做一年就好了……內心的掙扎與辯論，不斷地在腦中翻攪著……。

上了四十年的班，從秘書一路做到管理階層，職場的磨練，讓我將優點發揮到極致：追求完美、吹毛求疵、無法忍受反應慢、動作緩，工作延遲、錯誤，更是難以接受。計畫、報表、工作為準時完成，時時緊迫盯人，不容任何差池；公司對員工的要求，我絕不打折，嚴格加碼完成……。有句話說：優點發揮到極致就成了缺點，我成了辦公室裡招致民怨處處的女魔頭、訓導主任，人人走避、個個閃躲……回到家裡也無法放鬆，整天這裡你趕快、那裡為什麼你又沒照我意思弄好？張郎在我的淫威之下，過著暗無天日、有苦難言的日子。日復一日驅使自己與他人，別說別人，連我跟我自己在一起，都覺得壓力其大。「老天要毀滅一個人，必先使其瘋狂。」就在我頻臨瘋狂時，老天向我伸出救援之手！

念舊惜情，腳趾開了洞的舊襪子都捨不得丟的我，做了十幾年的工作，再怎麼苦、累，也只會舉棋不定，怎麼也不捨做決定說走就走！沒關係！既然妳想走又無法做決定，那就交給「吸引力法則」來接手吧！我時不時發想的「意念場」，宇宙早就接收到訊息，發動了內部的推力與外部的拉力，一拉一扯之間，自自然然就幫我在最好的時間點，做了最好的安排。

學習臣服的力量

「歸去來兮！田園將蕪胡不歸？既自以心為形役，奚惆悵而獨悲？悟已往之不諫，知來者之可追；實迷途其未遠，覺今是而昨非。」退休後，我歸隱後的第一件事，就是丟掉床頭叫了我一輩子的鬧鐘，天天四仰八叉睡到自然醒；起床後去以前根本週末擠不進去的咖啡廳，吃頓閒散早午餐；菜市場？我再也不用趁週末病態式的將冰箱塞好塞滿塞到爆炸，每天拎一把蔬菜、一塊肉，當天想吃啥就買啥！坐在久違的沙發上欣賞從沒時間看的影集，晚上七點前吃好晚飯，想喝就喝，不用再管明日的早起上班！還打算學習新的語言、加入張郎習舞的行列。一直擔心女魔頭解甲歸田後，自由不再的張郎說：「我終有一天，會等到妳從被職場扭曲的人格中徹底療癒，我四十年前認識的清純可愛小女生，終於會重回我的懷抱！」

終於如願退休後，曾讀過一本書《臣服的力量──放下執著，相信每一刻都是最好的安排》，書中說：「臣服（surrender）的定義是：在適當的時機優雅的放下，接受事實。沿著生命的週期順流而下，不要對抗，不要執迷於結果與人，不要鬱悶煩惱。……」臣服看似消極，但其實是把魔法鑰匙，它促使目標實現、解開工作、人際或其他的僵局。臣服是順勢而為，是放下執著，它讓你停止抗拒，迎向從未有過的信任感，體驗寧靜，助你度過艱難，享受歡樂。離開浪跡了近四十年的職場，其實是開始面臨人生中的另一個挑戰，但學習臣服，將讓我的生命重新開機，學習擺脫依賴、對待關係、善待身體。雖體認「人生在世一蜉蝣，轉眼烏頭換白頭。百歲光陰能有幾？一場扯淡沒來由。」但到底還是需要花些時間調整心態。畢竟春去春來，白頭空自挨，花落花開，朱顏容易衰，再不把握時間做點自己想做的事，誰知道可長可短的人生還有多久？再次感恩一切都是最好的安排。

做個快樂的自由人

記得剛退休後的第一個月，我在日記上寫道：「既然今天是一月二十三日，我就稱今天為『退休一二三自由日』吧！白日惶惶不安與夜裡光怪陸離夢境的狀況，已改善許多，酒還是天天喝的，所幸『三自精神』（自治、自發、自覺）尚在，起居作息隨日出日落，保持規律正常。發現離開職場後，生活反而比之前朝九晚五更為忙碌，想做的事一大堆，一天卻做不了幾件，感覺時間不夠用。每天只好以迫切性與想望性來排定先後順序！」退休後三個月，我寫道：「由鎮日頭腦占滿了公事，陀螺般忙碌不停的生活，像突然墜入真空狀態般，早上晨起床不梳妝打扮，著裝趕著上班，簡直不知道自己該幹什麼！心境上的忐忑不安、夜裡的難以成眠……真的擔憂到底還要多久，才能接受自己退隱江湖的事實？」就在此時，上帝為我做了最好的安排，祂為我送來了一批批以前朝九晚五時，根本不敢奢望的朋友，多才多藝的各路好友，為我安排了歡樂又知性的聚會與趣味又滿載而歸的出遊。回首猶在職場奮戰時，每日胃酸洶湧，夜不成眠，雖有優渥的報酬，但再戀棧下去，身體出狀況只是遲早的事。退出江湖，少了收入，但也少了無謂的花費，我學習到簡單但又不簡單的生活方式。套句錢鍾書的名言：「不必『招邀不三不四的人，講些不痛不癢的廢話，花些不明不白的冤錢，浪費不該浪費的時間』。」現在的生活我自己做主！我就是個快樂的自由人。

太晚才學會的五件事

退休生活不是天天躺在游泳池邊喝檸檬水，或是動不動說走就走去法國旅行。而是在調整後的最佳心理狀態下，多交朋友、培養新的興趣，提升生活品質，這人生最精華的時光，務必好好把握珍惜。

現在的我努力學習「活在當下」，不緬懷過去：退休的當天，即將所有印著資深總經理的名片全數投入碎紙機；不憂慮未來：因為根據經驗，憂慮無法掌控的人事物，除了毀了當下，沒有任何益處。無論當下是坐著休息，或是在廚房準備晚餐，這個當下，就是身體健康，就是無事一身輕，就是幸福，至於能活到幾歲，就交給上帝來決定吧！

人生總是太晚才學會的五件事：

1. 任何事都是暫時的
2. 活在當下的重要性
3. 我們所認知的事實，總是充滿了偏見
4. 愛你所愛，做你所愛
5. 快樂是需要努力的

退休後的一個乍暖還寒的冬日，在下了十幾天的綿綿陰雨，天氣終於短暫放晴，趁著暖烘烘的陽光正好，我在家歡快地換床單、洗毛巾、曬棉被。雙手不停忙碌，腦中卻雜念未停，還掛念著猶在職場時的種種，此時最近重新展讀的《一切都是最好的安排》裡的一段話，提醒我馬上轉念：

「……接受生命的當下，是治療所有疾病、解決所有問題的關鍵，就連癌症也不例外。如果試圖控制發生在自己身上的一切，就註定要導致疾病。培養內心的平靜，放下過去的錯誤與悔恨，不再憂煩未來，及那些你有所預期卻根本未曾發生的事。過去的一切都是必要的，當下的一切也是，這些都是幫助你成長，成為更好的你，迎接更好的未來的準備……。」我提醒自己如果現在還在上班，此刻應該正在辦公室裡，為處理年底的績效考核與年終獎金的分配發放忙得焦頭爛額。

對一切抱著感激之心

但現在的我，可以在家裡，愉悅的為家人及自己打理舒適的生活，帶著愛犬在久違的溫暖陽光下散步，抬頭欣賞鳳凰木映照在碧空如洗藍天下的可愛莢果，低頭撿拾在腳下沙沙作響、橙黃橘彤的美麗楓葉。看著夾在書頁裡的葉片，我衷心感恩上帝賜給我平靜的心，接受我無法改變的事；賜給我勇氣去做我能改變的事；賜給我智慧，去分辨兩者的不同。不為明天憂慮，享受每一個時刻，把苦難視為通往和平的必經之路。

人生活到近一甲子，讓我體悟有時失去並不是種懲罰，而是天賜的禮物。如果你可以對一切抱著感激之心，財富與幸福就會自己流動，並用各種方式出現在你周圍。對生命中美好事物心懷感激，是很容易的。但只有在挫折時也抱著感謝，我們才能真正富有。唯有欣然接受所發生的一切，就能開始接受自己所沒有的東西，並自動進入豐饒的世界，這就是「一切都是最好的安排」從職場急流勇退教給我的課題。

日子過得美，生活就會好：薇姐張郎的 50+ 豐盛日記 / 張薇薇作 . -- 一版 . -- 臺北市：時報文化出版企業股份有限公司 , 2025.05

面；　　公分 . -- (人生顧問 ; 557)

ISBN 978-626-419-458-7 (平裝)

1.CST: 人生哲學 2.CST: 退休 3.CST: 生活指南

191.9　　114005035

ISBN 978-626-419-458-7

Printed in Taiwan

人生顧問 557

日子過得美，生活就會好：薇姐張郎的 50+ 豐盛日記

作者　張薇薇 ｜ **主編**　李宜芬 ｜ **協力編輯**　謝翠鈺 ｜ **企劃**　鄭家謙 ｜ **封面暨內頁設計**　陳文德 ｜ **美術編輯**　SHRTING WU ｜**董事長**　趙政岷 ｜ **出版者**　時報文化出版企業股份有限公司　108019 台北市和平西路三段 240 號 7 樓　**發行專線**—(02)2306-6842　**讀者服務專線**—0800-231-705 · (02)2304-7103　**讀者服務傳真**—(02)2304-6858　**郵撥**—19344724 時報文化出版公司　**信箱**—10899 台北華江橋郵局第九九信箱　**時報悅讀網**—http://www.readingtimes.com.tw ｜ **法律顧問**　理律法律事務所　陳長文律師、李念祖律師 ｜ **印刷**　勁達印刷有限公司 ｜ **一版一刷**　2025 年 5 月 16 日 ｜ **一版二刷**　2025 年 7 月 2 日 ｜ **定價**　新台幣 400 元 ｜ 缺頁或破損的書，請寄回更換

時報文化出版公司成立於 1975 年，並於 1999 年股票上櫃公開發行，
於 2008 年脫離中時集團非屬旺中，以「尊重智慧與創意的文化事業」為信念。